ANNEGRET HEINOLD

KANADA

CON BOOK.

INHALT

VORWORT

Kanada fasziniert mich, seit ich im Spätsommer 1995 das erste Mal in Vancouver war. Was für eine tolle Stadt, was für eine großartige Umgebung, was für eine entspannte Atmosphäre. Weit, großartig, überwältigend und entspannt – das trifft auf das ganze Land zu.

Auch heute fasziniert mich immer noch der freundliche Umgang der Menschen miteinander, die beeindruckende Natur, die vielfältige Kultur. Kann man das alles in 151 Momentaufnahmen zeigen?

Ich hoffe, dass ich Sie mit meinen Eindrücken und Informationen neugierig auf das zweitgrößte Land der Erde mache, und Sie Lust darauf bekommen, es darüber hinaus zu entdecken. Denn Kanada hat noch viel mehr zu bieten ... Viel Spaß beim Lesen!

Annegret Heinold

1

ABENTEUER

Von Angeln bis *Ziplines*

Abenteuer gewünscht? Wie wäre es mit dem kleinen Nervenkitzel auf einer schwingenden *suspension bridge,* einer Hängebrücke, die eine tiefe Schlucht überquert. Oder einer rasanten Überquerung der Schlucht mittels einer *zipline.* Nicht abenteuerlich genug? Dann suchen Sie Ihr Abenteuer doch *offroad* und *offline* in der weiten Wildnis.

Im Norden Kanadas, in den unbesiedelten Gebieten, dort, wo es nicht mal mehr Schotterstraßen gibt, beginnt die echte Wildnis, das wirkliche Abenteuer. Man braucht dazu den Mut, sich auf Unbekanntes einzulassen. Das Wissen, wie man mit minimalen Mitteln überlebt. Die Fähigkeit, in schwierigen Situation richtig zu reagieren. Jeder weiß mittlerweile, dass es falsch ist, bei einer Bärenbegegnung in der Wildnis in Panik zu geraten und wegzulaufen. Aber wenn der Bär nur noch wenige Meter vor einem steht, braucht es starke Nerven, um Ruhe zu bewahren.

Das Gefühl, am Ende einer wochenlangen Wanderung oder Kanufahrt wieder in der Zivilisation anzukommen, ist unbeschreiblich. Die erste Musik nach Wochen nur umgeben von den Geräuschen der Natur – dem Plätschern des Sees, dem Rauschen des Wasserfalls, dem Krächzen der Raben. Nach dem Erlebnis Natur fühlen sich das Menschengewimmel, die Sirenen, der Verkehr, die Hektik in der Großstadt fremd an. Und so schön das erste »richtige« Essen ist, für viele Abenteurer beginnt schon bald wieder die Sehnsucht nach der Wildnis, nach Stille, nach Natur. Nach dem Kick, einen Berg zu bewältigen. Oder einen reißenden Fluss zu meistern.

Abenteuer gewünscht? Kanada ist das perfekte Land, wo Sie sich diesen Traum erfüllen können.

Elk Falls Suspension
Bridge bei Campbell
River, Vancouver Island

ADIRONDACK CHAIR

Sommer am See und Adirondack Chair gehören einfach zusammen

In Kanada wird der aus den USA kommende Gartenstuhl auch »Adirondack Chair«, »Laurentian Chair« oder »Muskoka Chair« genannt. Muskoka Chair, weil die Muskoka-Region ein beliebtes Wochenendgebiet in Ontario ist.

In der Muskoka-Region haben viele Kanadier ihr *cottage*, darunter in- und ausländische Promis wie Goldie Hawn oder Justin Bieber. Und zu einem Ferienhaus am See gehört in Kanada einfach der Adirondack Chair auf der Terrasse.

Der komfortable Stuhl mit dem komplizierten Namen wurde 1903 in den USA erfunden und ist zu einem Symbol für *outdoor living* geworden.

Kanada hat lange Winter. Sobald und solange das Wetter es zulässt, sitzen die Kanadier draußen und tanken Sonne. Der Gasgrill wird angeworfen, Familien und Freunde essen frisch gefangenen Fisch auf dem *deck*, der Terrasse oder dem Balkon aus Holz. Im besten Fall mit Blick auf den See, in dem der Fisch geangelt wurde. Und zu einem *deck* gehören neben Blumentöpfen und Grill auch die Adirondack-Stühle. Man sieht sie aber auch in Städten: vor Läden, auf Esplanadas, in den Jachthäfen – eben überall, wo man draußen sitzen kann.

Die Stühle sind klassisch aus Holz, aber es gibt mittlerweile auch Varianten aus Plastik. Man sitzt bequem, die Rückenlehne ist leicht nach hinten gekippt, die Armlehnen sind breit – der perfekte Stuhl zum Entspannen, abends zum Sonnenuntergang, bei einem Drink und mit Blick aufs Wasser. Da fällt das Aufstehen schwer, egal, ob er nun Laurentian, Muskoka oder Adirondack Chair heißt.

AFTERNOON TEA

Petit Fours statt Donuts

Eigentlich ist es nicht verwunderlich, dass es im Land der Hamburger und Pizzas auch *afternoon tea* gibt – schließlich ist die Queen hier das Oberhaupt.

Ja, die Kanadier haben den höchsten Pro-Kopf-Konsum der Welt an Donuts, aber es muss nicht immer Donut sein. Es gibt in Kanada nämlich auch gehobene Kuchenerlebnisse mit kleinen Leckereien wie Petit Fours, und zwar zum *afternoon tea.* Sogar an Orten, wo man ihn am wenigsten erwartet wie zum Beispiel in der Kleinstadt Amherst in Nova Scotia.

Der Raum ist gemütlich eingerichtet, die Besitzer stehen selbst hinter dem Tresen, Essen und Kuchen sind hausgemacht: Der kleine Birkenshaw's Tea Room gehört laut der Zeitschrift *Chatelaine* zu den 10 besten Orten für das Erlebnis, am Nachmittag in gediegener Atmosphäre Tee zu trinken und dazu kleine Kuchenstückchen zu genießen.

Die kleine Teestube wurde von Adrian und Eleanor Bradbury 2017 eröffnet. Adrians Vater hat in England als Butler gearbeitet, er selbst hat Bäcker in Frankreich gelernt. Die Gerichte werden stilvoll auf antikem Geschirr serviert, unter den Glasplatten der Tische liegen Spitzendecken.

Zu einem *afternoon tea* gibt es Tee und kleine Gebäckstücke, Petit Fours und Scones mit Marmeladen. Zu einem *high tea,* der etwas später am Nachmittag stattfindet, gibt es auch Herzhaftes wie Krabben auf Weißbrot und Sandwich-Miniaturen. *Afternoon* und *high tea* sind kulinarische Ereignisse, bei denen es zwar auch um das Essen, aber noch mehr um das Ereignis geht.

Einer der berühmtesten Orte für den *afternoon tea* ist übrigens das Fairmont Empress Hotel in Victoria auf Vancouver Island, wo er seit über 100 Jahren angeboten wird.

Eingeführt wurde die Teestunde von den Briten, gehalten hat sie sich bis heute, und ist in ganz Kanada verbreitet. Und so kommt es, dass Zeitschriften wie Chatelaine und das Saltscapes Magazine Tipps für die besten Orte für einen *afternoon tea* geben. Der Birkenshaw's Tea Room in Amherst wird sogar von beiden empfohlen.

Birkenshaw's Tea Room in Amherst, Nova Scotia

AHORNBLATT

Ein Blatt als Symbol für ein Land

Ahornblätter kommen in Kanada nicht nur auf Bäumen vor, sondern praktisch auf allem, was denkbar ist: vom Campingstuhl bis zum Schlüsselanhänger. Und natürlich auf der kanadischen Flagge.

Das stilisierte Ahornblatt findet man auf T-Shirts und Sweatshirts, als Brosche, als Ohrringe, als kleinen Pin. Und auf der kanadischen Flagge. Dort allerdings erst seit 1965. Die Flagge ist rot-weiß, in der Mitte prangt groß das rote Ahornblatt. Aber wieso eigentlich? Hat es eine symbolische Bedeutung?

Es gibt verschiedene Erklärungen, warum Kanada das Ahornblatt wählte. Siedlungen am Saint Lawrence River haben schon im 18. Jahrhundert das Ahornblatt als ihr Emblem verwendet. Verwundete kanadische Soldaten sollen damit im Britisch-Amerikanischen Krieg ihre Wunden verbunden haben. Vielleicht war auch der Besuch des Prince of Wales 1860 in der kanadischen Provinz der Anlass, sich ein Emblem zu wählen. Die Engländer hatten die Rose, die Schotten die Distel. Kanada wählte das Ahornblatt. Die aktuelle Version mit elf Zacken wird für die heutige Flagge eingesetzt, da diese damit bei starkem Wind am besten aussieht.

Bei dem Blatt handelt es sich um das Blatt des Zuckerahorns, der im Osten Kanadas weit verbreitet ist. In Rot deswegen, weil Rot und Weiß die offiziellen Farben Kanadas sind. Zum 150. Jahrestag des Landes tauchte ein mehrfarbiges Ahornblatt auf, als Symbol dafür, dass Kanada ein Mosaik ist, bestehend aus vielen Nationalitäten, die ihre Eigenheiten behalten dürfen und sollen.

In einem kanadischen Souvenirshop hat man eine unüberschaubare Auswahl an Ahornblättern, eigentlich gibt es dort alles – bis auf die echten Blätter des Zuckerahorns. Die findet man im Osten Kanadas, im Indian Summer auch in Rot, allerdings mit 23 Zacken.

AHORNSIRUP

Süßes vom Baum

Eingedickter Saft des Baumes als Sirup auf Pfannkuchen und Waffeln gehört zu Kanada wie das Blatt von eben selbigem auf der Flagge. Aber es gibt noch viel mehr Möglichkeiten, Ahornsirup zu verwenden.

Der Klassiker ist natürlich Ahornsirup auf Pfannkuchen, aber man kann auch Grillsoßen für Fleisch, Geflügel und Meeresfrüchte damit herstellen, den Sirup über das Eis kippen, Popcorn damit süßen und Cocktails mixen. Oder damit backen. Starbucks Canada hatte eine Zeit lang sogar eine Kaffeesorte mit Ahornsirup im Angebot: *Maple Macchiato.* Bei dem Getränk wurde Ahornsirup statt Karamellsoße verwendet.

Ahornsirup wird aus dem Baumsaft des Zuckerahorns (acer saccharum) gewonnen. Der Baumsaft wird geerntet und eingekocht, dabei ergeben etwa 40 Liter Ernte einen Liter Ahornsirup. Wer seinen Ahornsirup selbst macht, kann den heißen Sirup in den Schnee werfen und so Ahornbonbons herstellen, bekannt als *snow candy.*

Wer seinen Ahornsirup mangels eigener Ahornbäume nicht selbst macht, kann ihn in Kanada überall kaufen. Es gibt ihn in den Souvenirshops und im Supermarkt. Das fängt am Flughafen an und hört beim kleinsten *general store* auf.

Gut 80 Prozent der Weltproduktion an Ahornsirup kommen aus Kanada, davon das meiste aus der Provinz Quebec. Ahornsirup ist dickflüssig, hat einen Zuckergehalt von etwa 60 Prozent und eine Farbe zwischen golden und dunkelbraun. Und es ist ein scheinbar zeitloses Phänomen: Vom monothematischen Kochbuch bis zu hippen Kreationen der Trendküche – in Kanada gibt es alles, was das Ahornherz begehrt. Der Klassiker wird aber ohne Frage der Pfannkuchen mit süßem *topping* bleiben.

ABSENTE
MAPLE SYRUP
500 ml
SIROP D'ÉRABLE
Biodélices
PRODUITS D'ÉRABLE BIOLOGIQUES
SIROP D'ÉRABLE BIOLOGIQUE
ORGANIC MAPLE SYRUP
PUR À 100% PURE
CANADA GRADE A / CATÉGORIE A
USDA ORGANIC
AB
750 ml
25.4 FL. OZ.

ALKOHOL

Apportez votre vin und *liquor stores*

Alkohol in der Öffentlichkeit? Auf keinen Fall, in Kanada ist der Alkoholgenuss streng reglementiert.

In Quebec mit seinem französisch geprägten Lebensgefühl ist der Umgang mit Alkohol eher entspannt. Hier werden Wein und Bier im Lebensmittelladen verkauft, man bekommt in einem einfachen *diner* durchaus ein Glas Hauswein für drei Dollar zum Essen und es gibt sogar Restaurants, in denen man seinen eigenen Wein mitbringen darf. Ausgeschildert wird das durch ein: »*Apportez votre vin*« oder »*BYOB*«. Die Abkürzung steht für »*Bring Your Own Bottle*« – »Bringen Sie Ihre eigene Flasche mit«.

Das Restaurant verlangt dafür eine *corkage fee,* Korkgeld, und es wird außerdem ein Trinkgeld pro Flasche erwartet. Trotzdem ist es ein Vorteil für den Gast, denn er kann seinen Lieblingswein mitbringen – und es ist günstiger. Der Vorteil für das Restaurant: Es muss keine teure Alkohollizenz erwerben. Denn Restaurants, die Alkohol ausschenken, müssen *licensed* sein, was je nach Ort und nach Art der Lizenz – ob nur Wein und Bier oder auch Hochprozentiges – mehrere bis viele Tausend Dollar pro Jahr kosten kann.

In British Columbia (BC) wird Alkohol hauptsächlich in staatlichen *liquor stores* verkauft. Dort arbeiten ausgebildete Verkäufer, und jeder Wein wird ausführlich beschrieben. Jede Provinz hat ihre eigenen Alkoholgesetze. Das Mindestalter beträgt 18 beziehungsweise 19 Jahre und wird durch Vorlage des Ausweises kontrolliert. Der Konsum von Alkohol in der Öffentlichkeit ist überall streng verboten. Selbst im Auto transportiert man Wein und Bier am besten im Kofferraum.

Was viele nicht wissen: In Kanada wird ebenfalls Wein angebaut. Ontario ist für seinen Eiswein berühmt, in BC kommen die Weine hauptsächlich aus dem sonnenverwöhnten Okanagan Valley im Südosten. Aber sogar auf Vancouver Island gibt es *vineries.*

BC LIQUORSTORE
Open
NO SKATEBOARDING ALLOWED

ANGELN
Große Fische

Fotos von Anglern und Anglerinnen sehen eigentlich immer gleich aus: Eine Person hält stolz einen Fisch vor sich. Je größer, desto besser.

Kanada hat über zwei Millionen Seen und außerdem unzählige Ströme, Flüsse, Bäche und die längste Küstenlinie der Welt. Dementsprechend gut sind die Angelmöglichkeiten. Und Fisch ist dank seiner Proteine, Mineralien und Spurenelemente gesund. Aber ob das der Grund ist, dass über drei Millionen Kanadier angeln gehen? Der geangelte Fisch ist ja nicht gerade günstiger als gekaufter.

Die Wahrheit ist: Es geht beim Angeln um viel mehr als um Fisch. Es geht um das Naturerlebnis, die Stille an einem See, wenn in der Abenddämmerung die Mücken fliegen und die Fische an die Oberfläche steigen. Um den Anblick, wenn auf der spiegelglatten Oberfläche des Sees Ringe einen Fisch anzeigen. Um die Fahrt vor Sonnenaufgang auf Motorbooten durch Fjorde, die Seeluft und das Dümpeln vor zerklüfteten Küsten mit der Hoffnung auf einen guten Fang. Und um das befriedigende Gefühl, sein Essen selbst zu fangen.

Abends werden die Fische gezählt und der Fang gewogen. In den *marinas,* den Jachthäfen, werden die größten Fänge des Tages auf einer Tafel notiert. Die Angler stehen an Stahltischen, nehmen die Fische aus und filetieren sie.

Das Angeln ist in Kanada allerdings sehr streng reglementiert. Jeder Angler muss eine Lizenz kaufen. Und er sollte die Vorschriften wann, wo, was und wie gefischt werden darf, auf jeden Fall befolgen.

Die Aufseher der Fisheries and Oceans Canada kontrollieren streng. Sie sind vor Ort in den Jachthäfen und halten durchaus auch unterwegs in Wassernähe und auf wichtigen Zufahrtstraßen Fahrzeuge an und lassen sich den Fang zeigen.

ANNE OF GREEN GABLES

Kanadische Berühmtheit in Japan

Vor über 100 Jahren schrieb die kanadische Autorin Lucy Maud Montgomery einen Roman über ein Waisenmädchen. Heute kommen Besucher aus aller Welt an den Originalschauplatz auf Prince Edward Island. Und in Japan ist das Buch sogar Schullektüre.

Neun Uhr morgens. Die ersten Besucher kommen. Kurze Zeit später hält ein Reisebus mit japanischen Touristen, die mit ihren Kameras zum Eingang des Anne of Green Gables Museums strömen.

Alle wollen das Haus besichtigen, in dem die Geschichte des weltberühmten rothaarigen Waisenmädchens spielt. Sie besichtigen das Anwesen, bestaunen Annes kleines Giebelzimmer und gehen durch die *Lover's Lane* im Wald. Manche Besucher tragen sogar Perücken mit roten Zöpfen.

Der Roman spielt am Ende des 19. Jahrhunderts: Ein elf Jahre altes Waisenmädchen wird von einem älteren kinderlosen Geschwisterpaar adoptiert. Eigentlich hatten die beiden einen Jungen »bestellt«, der ihnen auf der Farm helfen sollte.

Nach einigem Zögern behalten sie das rothaarige, sommersprossige Mädchen, das so ungewöhnlich temperamentvoll ist.

Das Buch wurde sofort zum Bestseller. Es hat sich bis heute 50 Millionen Mal verkauft und wurde in 36 Sprachen übersetzt. Es gibt sogar ein Musical: *Anne of Green Gables: The Musical.* Außerdem wurde der Stoff schon mehrmals verfilmt. Jüngst wurde die Serie *Anne with an E* gedreht, deren dritte Staffel im September 2019 anlief – 111 Jahre nach Erscheinen des ersten Bandes. Auf Deutsch wird die Serie von einem bekannten Streaminganbieter gezeigt.

Kein Wunder, dass Lucy Montgomery zu einer Person von nationaler historischer Bedeutung erklärt wurde und das Haus mit den *green gables,* den grünen Giebeln, zu einer Touristenattraktion.

Anne of Green Gables Museum, Park Corner, Prince Edward Island

BARBECUE
Hamburger oder Hotdog?

Zu einem richtigen kanadischen Sommer gehört das *barbecue,* auf dem Balkon, dem *deck,* im *backyard* oder beim Campen.

Frühjahr in Kanada. Vor den Supermärkten gibt es eine bunte Pracht an Pfingstrosen und Geranien für die Vorgärten und Balkone zu kaufen. In der Kette Canadian Tire, die alles für Haus, Garten und Auto im Programm haben, kommen Campingstühle, Schlafsäcke und Rucksäcke in die Regale. Und in allen Läden werden jetzt Grills angeboten. Denn zu einem richtigen kanadischen Sommer gehört das *barbecue* einfach dazu.

Die Angler grillen ihre frisch geangelten Fische. Wer die nicht hat, grillt Fleisch. Meistens ist die Frage einfach: »*Burger or hot dog?*« Aber man kann auch Steaks, Rippchen und Hähnchenteile grillen. Am besten schmecken sie mit einer Grillsoße gewürzt.

Honey, Tangy, Hickory, Korean oder *Regular* – bei der Supermarktkette Thrifty Foods gibt es rund dreißig verschiedene Sorten *barbecue sauce.* In diese Grillsoße, abgekürzt *BBQ sauce,* legt man das Fleisch ein, bestreicht es damit während des Grillens oder würzt damit seine *burger.* Man kann *BBQ sauce* natürlich auch selbst machen.

Hauptsächlich besteht die dunkle, süß-saure Soße aus Tomatenkonzentrat, Essig und Gewürzen wie zum Beispiel Senf. Abgerundet wird das Ganze mit Honig oder Zucker.

Grillt man in Kanada auf dem Gasgrill oder mit Holzkohle? Man sieht auf den Balkonen, Terrassen und in den Gärten beides. Und beim Campen kann man die Feuerstelle benutzen, die auf jedem Platz zu finden ist.

BÄREN

Mythos Bär

Der Anblick eines Bären in freier Wildbahn löst Faszination und Angst oder doch zumindest Respekt aus.

Ein Schwarzbär grast am Straßenrand, daneben das Jungtier. Und schon steigt jemand aus dem Auto und möchte fotografieren. Der Anblick des puscheligen kleinen Bären lässt so manchen Touristen vergessen, dass es sich bei Bären um wilde Tiere handelt, die durchaus gefährlich werden können.

Bären sind Allesfresser. Sie fischen Lachse, fressen im Spätsommer die Blau- und Brombeeren und holen durchaus auch Pflaumen vom Baum. Besonders im Herbst, wenn die Lachse zum Ablaichen die Flüsse hoch schwimmen zu den Orten, an denen sie selbst geschlüpft sind, und die Beeren reif sind, kommen die Bären auch in Dörfer und Städte.

In diesen Orten sind die Mülltonnen so gesichert, dass sie nicht von Bären geöffnet werden können, am Ortseingang oder Straßenrand stehen Schilder, auf denen der richtige Umgang mit Bären erläutert wird.

Normalerweise läuft das Zusammenleben von Bär und Mensch problemlos. Erst wenn ein Bär auffällig wird, kommt ein *wildlife officer,* der den Bären mittels einer speziellen Bärenfalle fängt und in eine abgelegene Gegend bringt.

Für die Ureinwohner war der Bär Mythos und Lebensgrundlage zugleich. Fleisch und Fett dienten der Ernährung. Die Bärenfelle wärmten im Winter.

Der Bär ist ein häufiges Element auf Totempfählen und spielt in vielen traditionellen Geschichten eine Rolle.

Eine sichere Möglichkeit, Bären zu besichtigen und zu fotografieren, ist das *bear watching,* das von vielen Unternehmen angeboten wird.

Bärensichere Mülltonne

11

BASEBALL CAPS

Beschrifteter Schutz gegen Sonne und Wind

Männer, Frauen, Jugendliche und Kinder – alle tragen sie: die Baseballkappe. Selten ohne Logo, meistens mit.

Natürlich ist das Tragen von Baseballkappen nichts Kanada-Spezifisches. Aber es ist sehr nordamerikanisch. Angeblich heißen sie *baseball caps,* seit die Baseballspieler der New York Yankees sie bei einem Spiel statt der üblichen Strohhüte trugen. Mittlerweile trägt man sie überall, und so auch in Kanada.

Wer eine Baseballkappe kaufen möchte, braucht in Kanada nicht lange zu suchen. Man bekommt sie in jedem Souvenirshop und Laden, an Tankstellen und in Jachthäfen.

Eine Baseballkappe ist selten ohne Botschaft. Meistens hat sie ein Logo, ein Symbol, eine Aufschrift. Wer eine Baseballkappe trägt, trägt damit Werbung, Humor und manchmal auch Bekenntnis.

Zum Canada Day bietet sich die geschichtsträchtige Kappe mit der kanadischen Flagge und der Inschrift »Canada, est. 1867« an. *Est.* steht für *»established«* und bedeutet »gegründet«.

Tiere gehen natürlich auch: Bären, Biber, Blauhäher – für eine Baseballkappe eignen sich alle Tiere. Sehr beliebt ist auch Werbung. Ein kleines Geschenk von Autohändlern und anderen Firmen, das den Träger zum Werbeträger macht.

Männer tragen sie einfach irgendwie, Jugendliche oft mit dem Schirm nach hinten. Und für Frauen gibt es im Internet Tipps, wie man die Stoffkappe mit dem Sonnenschutz am besten stylt.

TORONTO MAPLE LEAFS
'47
Canada
416
416
TORONTO MAPLE LEAFS
'47
Canada
Canada
CANADA

BAUMPFLANZER

Die modernen Cowboys

Sie sind Wanderarbeiter, die draußen im *bush* arbeiten, bei Wind und Wetter, unter härtesten Bedingungen.

Lange hatten die *tree planter,* die Baumpflanzer, einen sehr schlechten Ruf. Ähnlich wie Goldsucher und Holzfäller gehören sie zum Mythos der kanadischen Wildnis. Männer, die unter harten Umständen draußen arbeiten und dabei sehr viel Geld verdienen.

Wie sieht die Realität aus? Es stimmt, dass die *tree planter* harte Arbeit leisten. Sie arbeiten oft wochenlang in unwegsamem Gelände, leben in abgelegenen Orten oder schlafen in abgeschiedenen Camps. Und wenn ein Baumpflanzer gut ist, verdient er viel Geld.

Rund 500 Millionen Bäume werden jedes Jahr in Kanada angepflanzt. Die großen Holzfirmen vergeben die Verträge für die Aufforstung an Firmen, die wiederum die *tree planter* anheuern. Es ist Akkordarbeit, gezahlt wird nach Anzahl der gepflanzten Setzlinge. Wenn aus irgendwelchen Gründen nicht gepflanzt werden kann, verdient der Baumpflanzer auch kein Geld.

Es sind übrigens nicht nur Männer, die diese schwere Arbeit verrichten, sondern auch Frauen. Laut einer Schätzung von Silviculture Canada sind 30 Prozent der Baumpflanzer weiblich. Was den weiblichen Baumpflanzern an Kraft fehlt, gleichen sie durch Geschick und Willen aus. In den Camps sind sie gern gesehen, weil sie einen nicht unentscheidenden Beitrag leisten, dass es in den Camps zivilisierter zugeht.

In letzter Zeit hat sich das Ansehen der Baumpflanzer in der Gesellschaft verbessert. Es wird jetzt von vielen Kanadiern anerkannt, dass sie durch ihre Arbeit einen wertvollen Beitrag zur Ökologie leisten. Das Bewusstsein der Bedeutung von Wäldern und damit auch des Pflanzens der Bäume hat enorm zugenommen.

Tree planter im Gelände

Mit Setzlingen bestückte Tragetasche

BEING NICE
Klischee oder Realität?

Kurz vor dem Pass ist es soweit: Mein Auto wird langsamer und bleibt dann ganz stehen. Eine Viertelstunde später kommt ein anderes Auto. Es hält an und der Fahrer fragt, ob er helfen kann.

Kanadier seien hilfsbereit, stets höflich und immer nett, wird im Ausland oft gesagt. Kanadier versuchen manchmal abzuwiegeln, so nett seien sie doch gar nicht. Und bestätigen so genau das Klischee.

Die kanadische Hilfsbereitschaft kann übrigens jeder, der sich in Kanada aufhält, ganz einfach selbst testen: Er bleibt auf der Straße stehen und nimmt einen Stadtplan oder eine Landkarte in die Hand. Sofort wird jemand anhalten und seine Hilfe anbieten.

Kanadier sind nicht nur hilfsbereit, sie sind auch noch sehr höflich. Und außerdem entschuldigen sie sich andauernd. Selbst dann, wenn sie angerempelt werden. Dieses ständige *sorry* ist ein weiteres Klischee. Aber auch dieses Klischee bestätigt das tägliche Leben. Vielleicht hat die große Hilfsbereitschaft und Höflichkeit damit zu tun, dass man in Kanada mehr aufeinander angewiesen ist. Besonders zu früheren Zeiten, als die ersten Siedler nach Kanada kamen. Alleine und ohne Hilfe konnte im neuen Land niemand überleben.

Und heute? Für Kanadier, die an abgelegenen Orten oder weit oben im Norden leben, ist die Hilfsbereitschaft der Nachbarn nach wie vor lebenswichtig. Hilfsbereitschaft, Höflichkeit und *niceness* gehören in Kanada einfach dazu.

Yukon

BERGE

Schneebedeckte Gipfel, oft auch im Sommer

Für Bergsteiger gibt es in Kanada viel zu erobern. Aber auch Nicht-Bergsteiger haben die Möglichkeit, von einem Berggipfel aus die Aussicht zu genießen.

Auf den 2.451 Meter hohen Sulphur Mountain im Banff National Park fährt eine Seilbahn bis zu einem Besucherzentrum mit Restaurant, Cafeteria, einer Ausstellung zum Nationalpark und natürlich einem *gift shop*. Von der Aussichtsterrasse hat man einen atemberaubenden Blick auf Banff und die Umgebung.

Berge wie der Mount Robson sind nicht so leicht zu erobern. Mit 3.954 Metern ist er der höchste Berg der kanadischen Rocky Mountains. Das Wetter am Berg ist extrem unbeständig, sein Gipfel liegt oft im Nebel und ist sehr schwierig zu besteigen.

Aber es gibt schöne Wanderungen am Berg, beispielsweise den Berg Lake Trail. Er ist 22 Kilometer lang und bietet Zeltplätze für die Wanderer.

An der Mount-Robson-Raststätte am Yellowhead Highway gibt es ein Visitor Centre, in dem man die entsprechenden Informationen zum Berg bekommt und Campingplätze reservieren kann.

Die meisten Berge Kanadas liegen in BC. Einen guten Eindruck bietet die kurvenreiche Fahrt auf dem Highway 99 durch die Coast Mountains. 130 Kilometer mit fantastischen Ausblicken und Wandermöglichkeiten von der Kleinstadt Lillooet bis zum beliebten Wintersportgebiet rund um Whistler.

Mount Robson, British Columbia

BIBLIOTHEKEN

Kulturelles Erbe, Bildung und Kunst

Das Morrin Centre in Quebec gehört gleichzeitig zu den ältesten und den coolsten Bibliotheken von Kanada.

Die kanadische Zeitschrift *Chatelaine* veröffentlichte 2018 einen Artikel über die 15 coolsten Bibliotheken in Kanada. Das Morrin Centre in Quebec City wird gleich an zweiter Stelle genannt.

Die Bibliothek wird von der 1824 gegründeten Literary and Historical Society of Quebec verwaltet und ist in einem *heritage site* (Kulturerbe) untergebracht, einem nationalen historischen Gebäude.

Hier arbeitet Kathleen Hulley. Ich frage sie, wie sie die Zukunft der Bibliotheken einschätzt. Sie ist zuversichtlich, dass die Bibliotheken weiter existieren und wichtig sein werden. Sie gehen mit der Zeit, sie verleihen E-Books, und im Morrin Centre können die Kinder sogar Musikinstrumente ausleihen.

Die Aufgabe des Morrin Centres basiert für Kathleen Hulley auf drei Säulen: der Interpretation des kulturellen Erbes, der Bildung und der Künste.

Generell spielen Bibliotheken in der kanadischen Gesellschaft eine große Rolle. Nicht nur in den Städten, auch abgelegene Orte werden versorgt. So gibt es für Vancouver Island und die Inselgruppe Haida Gwaii einen gemeinsamen Bibliotheksverband.

Und wer »weit draußen« wohnt, weiß zu schätzen, dass der Kurier Bücher bringt.

Es gibt aktuell 42 UNESCO *cities of literature*, von der UNESCO anerkannte Literaturstädte. Quebec City ist eine davon, bestimmt auch dank seiner alten und coolen Bibliothek, dem Morrin Centre.

The Library of the Literary and Historical Society of Quebec, Morrin Centre

BIER

Beer free tomorrow

Unmöglich zu sagen, wie viele Brauereien es in Kanada gibt – ihre Zahl wächst ständig, viele neue Unternehmen sind *micro breweries.*

Tofino Brewing Company an der Westküste von Vancouver Island, Upstreet Craft Brewing in Charlottetown auf Prince Edward Island und Winterlong Brewing Co. in Whitehorse im Yukon sind Beispiele für die in ganz Kanada entstandenen kleinen Brauereien, in denen *craft beer* hergestellt wird.

Die kanadischen Bierklassiker sind immer noch Budweiser, Molson Canadian und Labatt Blue, aber es gibt zunehmend mehr *micro breweries,* denn *craft beer* ist *in.* Aber was ist der Unterschied zwischen *craft beer* und *industrial beer? Industrial beer* ist, wie schon der Name sagt, ein Industrieprodukt, von dem Hektoliter in immer gleicher Qualität hergestellt und landesweit verkauft werden.

Die Herstellung von *craft beer* wird als Handwerk angesehen. Das in lokalen Brauereien hergestellte Bier hat intensivere Aromen und volleren Geschmack. Es gibt Kneipen, die sich auf *craft beer* spezialisiert haben, so wie zum Beispiel das Bistro Le Projet in der belebten Rue Saint-Jean in der Stadt Quebec.

BISONS

Die zerstörte Lebensgrundlage der Prärie-Ureinwohner

Minustemperaturen, eisiger Wind und Schnee auf dem Fell machen dem amerikanischen Bison nichts aus, sein Fell ist so dick und dicht, dass der Schnee nicht mal schmilzt.

Ehe die Europäer nach Nordamerika kamen, lebten dort schätzungsweise 30–60 Millionen Bisons. Ein männliches Exemplar kann bis zu einer Tonne schwer werden. Trotz ihres Gewichts und ihrer Größe sind Bisons schnell und erreichen eine Geschwindigkeit von bis zu 56 km/h.

Für die Ureinwohner waren die Bisons lebensnotwendig. Aus den Fellen wurden Kleidung und Zelte gefertigt. Die Knochen wurden zu Messern verarbeitet, die Sehnen dienten als Bogensehnen und Fäden. Die Hufe wurden zu Rasseln oder – in zerriebener Form – zu Klebstoff.

Die Ureinwohner schnitten das Fleisch – wenn es nicht unmittelbar verzehrt wurde – in Streifen und trockneten und räucherten es. Zu Pulver gestampft und mit Beeren vermischt ergab es *pemmican,* eine praktische, kalorienreiche Nahrung für unterwegs.

12.000 Jahre lebten die Ureinwohner von den Bisons. Dann kamen die weißen Siedler – und am Ende des 19. Jahrhunderts waren die Tiere durch die Jagd fast ausgerottet. Jetzt werden sie wieder gezüchtet, in mehreren Nationalparks gibt es Bisonherden.

Zum 150. Jahrestag wurden 16 Bisons im Banff National Park angesiedelt. Ein Projekt, in das die kanadische Regierung 6,4 Millionen Dollar investierte.

BREAKFAST
Eier zum Frühstück

Ein echtes kanadisches Frühstück ist ein *cooked breakfast.* Ein warmes Frühstück in Mengen, die einen Holzfäller für schwere Arbeit im Wald stärken würden. Aber auch Nicht-Holzfäller essen gerne ein *cooked breakfast.* Besonders am Wochenende sind Kettenrestaurants wie Tim Hortons und Ricky's All Day Grill sowie kleine unabhängige Restaurants schon vormittags voll.

Zu einem ordentlichen Frühstück gehören in Kanada Eier, auf der Karte findet man verschiedene Zubereitungen:

Eggs Benedict / Eggs Benny – pochierte Eier

Eggs over easy – Spiegeleier, die auf beiden Seiten gebraten sind, aber so, dass das Eigelb noch weich ist

Eggs sunny-side up – auf Deutsch: »Sonnenseite oben«, also Spiegeleier

Scrambled eggs – Rührei

Omelette – ein Omelett mit mindestens zwei Eiern, oft auch drei

Manchmal sind die Eier auch versteckt, wie zum Beispiel in den klassischen kanadischen *pancakes,* dicken weichen Eierkuchen, die klassisch mit Ahornsirup übergossen werden. (Der allerdings leider in immer mehr Restaurants durch sogenannten *pancake syrup* ersetzt wird.)

Serviert werden die Eier mit gebuttertem Toast, *hash browns* (gerösteten Kartoffelschnitzeln), Speck, Schinken und Wurst. Dazu gibt es noch Marmelade und manchmal auch etwas Obst.

Wer weniger möchte, kann Folgendes bestellen:

Cinnamon bun – eine Zimtschnecke mit dicker Glasur

French Toast – in Ei ausgebackenes Toastbrot

Apple fritters – in dickem Teig frittierte Apfelstücke

Oder man isst einfach einen Muffin zu seinem Kaffee. Das ist dann allerdings kein echtes kanadisches Frühstück, sondern wird als *continental breakfast* bezeichnet, als kontinentales Frühstück.

Smoked Salmon
Eggs Benedict

BUSCHPILOTEN
Landung auf dem Wasser

Buschpiloten und ihre Beaver oder Cessnas waren unerlässlich für die Erschließung Kanadas. Sie transportierten Passagiere, Ersatzteile und lieferten die Post aus.

Aber die alten Beaver und Cessnas sind auch heute noch im Einsatz. Es gibt immer noch Regionen, die auf die Versorgung durch Wasserflugzeuge angewiesen sind. Orte weit oben im Norden, wo es keine Straßen mehr gibt. Oder Küstenorte, die nur durch die Luft oder über das Wasser erreicht werden können.

Bei mehr als zwei Millionen Seen und einer Küstenlänge von über 243.000 km ist es sinnvoll, wenn die Flugzeuge auf dem Wasser landen

können. Die Cessnas und Beaver werden heutzutage auch für touristische Zwecke genutzt. Denn die Piloten fliegen nicht nur Holzfäller in ihre Einsatzgebiete. Sie bringen Wanderer zu *trailheads,* an denen sie ihre Wanderungen beginnen, Angler an abgelegene Seen und Touristen zu *lodges* weit draußen an der Küste.

Viele Piloten verfügen über eine lange Flugerfahrung und erzählen Geschichten aus früheren Zeiten, von denen man geneigt ist, höchstens ein Drittel zu glauben. Improvisierte Reparaturen, Notlandungen, schwierige Starts – vermutlich sind die Geschichten sogar wahr. Weitab von der Zivilisation müssen diese Piloten sich zu helfen wissen.

Buschflieger Louis befreit die Flügel seiner Cessna von Eis und Schnee (Tahsis, Vancouver Island)

BUSHCRAFT SKILLS
Überleben in der Wildnis

Ein Mann wird in den kanadischen Wäldern ausgesetzt. Eine Axt ist alles, was er als Ausrüstung dabei hat. Dieses Szenario ist für Outdoor-Fans weltweit ein Traum, eine Herausforderung, ein Mythos.

Kanada ist zwar das zweitgrößte Land der Erde, aber der größte Teil des Landes ist nicht besiedelt. Es gibt unendliche Flächen Wildnis, in denen Männer – manchmal auch Frauen – erproben können, ob sie die Fähigkeiten haben, in der Wildnis zu überleben. Das ist *bushcrafting.*

Der Kartograph David Thompson hat Ende des 18. Jahrhunderts 80.000 Kilometer zu Fuß und im Kanu in der kanadischen Wildnis zurückgelegt, um sie zu erforschen und zu vermessen. Und hat dabei so genaue Karten erstellt, dass sie noch bis ins 20. Jahrhundert verwendet werden konnten.

Den Weg zu finden, ist eine der Herausforderungen in der Wildnis. Zu den Fähigkeiten des *bushcrafting* gehört aber noch viel mehr.

Welche Pflanzen sind essbar, welche sind giftig? Wie baut man ein Camp? Wie stellt man Fallen auf und wie macht man Feuer ohne Streichhölzer und Feuerzeug?

Die Beherrschung dieser Fähigkeiten ist für viele faszinierend. Dementsprechend gibt es in Kanada Anbieter wie zum Beispiel Canadian Bushcraft, bei denen man Kurse buchen und diese *bushcraft skills* lernen kann.

Natürlich findet man in Kanada auch viele Ausrüster, die alles anbieten, was man für das Überleben in der Wildnis braucht: Outdoor-Kleidung, Messer – und natürlich die richtige Axt.

CALGARY

Rinder, Öl & Olympische Spiele

Die Sonne spiegelt sich im schwarzen Glas des Bow Tower, der mit 236 Metern lange Zeit das höchste Gebäude in Calgary war. Jetzt hat er durch den 11 Meter höheren Brookfield Place Konkurrenz bekommen.

Downtown Calgary ist geprägt von Hochhäusern. Es ist das moderne Zentrum einer Stadt, die noch keine 150 Jahre alt ist.

Besiedelt war das Gebiet allerdings schon vorher, für 11.000 Jahren war es die Heimat der Blackfoot, einer indianischen Stammesgruppe. Ihre Lebensgrundlage waren die Bisons, die ihnen Kleidung und Nahrung lieferten, bis die weißen Siedler die Bisons fast ausrotteten.

Die Entwicklung Calgarys in Kurzfassung: Im 19. Jahrhundert kamen die Rinderbarone auf der Suche nach neuem Weideland. 1875 er-

richtete die RCMP (Royal Canadian Mounted Police) einen Polizeiposten. 1883 kam der Anschluss an die Eisenbahn. Und im 20. Jahrhundert wurde Öl gefunden. Der Handel mit Öl und Gas ist bis heute ein wichtiger Wirtschaftszweig. Hinzu kommen die Finanzgeschäfte und der Tourismus. 1988 fanden in Calgary die Olympischen Winterspiele statt. Das größte Rodeo der Welt, das Calgary Stampede Rodeo im Juli, zieht jedes Jahr über eine Millionen Touristen an. Calgary ist heute die größte Stadt Albertas, größer als die Hauptstadt Edmonton, und nach Ottawa die zweitreichste Stadt in Kanada.

Vom fast 192 Meter hohen Calgary Tower hat man einen fantastischen Ausblick über die Flüsse Bow und Elbow, die weite Prärie und die Innenstadt mit ihren Hochhäusern wie Brookfield Place und The Bow, deren Fassaden in der Sonne glänzen.

CAMPEN

Natur mit etwas Komfort

Camping bedeutet heute in Kanada kaum noch »Zelten«, es sei denn, man ist auf Wildnistour. Dafür sind sehr viele Kanadier und ausländische Touristen mit dem Wohnmobil unterwegs.

Sobald Sommer, Feiertag und das Wetter schön ist, machen sich die Kanadier auf den Weg in die Natur. Es gibt viele Varianten von Wohnmobilen, vom simplen Aufsatz für die Ladefläche des Pick-ups bis zum voll ausgestatteten RV mit Fahrrädern am Heck.

In ganz Kanada gibt es staatliche *campgrounds:* riesige Plätze umgeben von hohen Bäumen, mit Holztisch, Bänken und Feuerstelle ausgerüstet. Hier ist locker Platz für ein Wohnmobil plus Zelt. Oft sogar für zwei Wohnmobile mit Zelten. So können auch Großfamilien oder befreundete Familien zusammen Campingurlaub machen.

Entsprechend umfangreich ist das Angebot an Zelten, Schlafsäcken, Isomatten, Kochgeschirr, Taschenlampen, Grillzubehör, Angeln und Ködern. Alles, was das Camperherz begehrt, wird im Frühjahr in den Sportgeschäften, den Supermärkten und bei Canadian Tire angeboten.

Die sanitären Einrichtungen auf diesen *campgrounds* sind meist einfach gehalten – eine Wasserstelle, eine Komposttoilette, eine bärensichere Mülltonne. Manchmal auch einfache sanitäre Anlagen. Verwaltet werden die Plätze von Parkrangern, die in der Regel auch Feuerholz für die Feuerstelle verkaufen. Beliebte Plätze sind an begehrten Wochenenden schnell ausgebucht.

Natürlich gibt es in Kanada auch private Campingplätze, die meist bestens mit Sanitär-, Versorgungs- und Freizeitanlagen ausgestattet sind. Aber den weiten Platz und mehr Privatsphäre in großartiger Natur bieten nur die staatlichen *campgrounds.*

CANADA DAY

Nationalfeiertag mit Fahne und Feuerwerk

»How many of the highest 20 mountain peaks are in the Rockies? None? Five? All?« – »Wie viele der 20 höchsten Berge sind in den Rockys? Keiner? Fünf? Alle?«

Eine der Fragen im historischen Quiz am Canada Day in Tahsis

Die rot-weiße Fahne mit dem Ahornblatt ist in Kanada nie zu übersehen. Aber am 1. Juli ist sie wirklich überall. Am Fahnenmast, selbstverständlich, aber auch an Autos, in Fenstern, ja sogar als Farbe im Gesicht!

Ganz Kanada feiert am 1. Juli mit Feuerwerk, Paraden und öffentlichen Reden. Die Kanadier sind stolz auf ihr Land, und zeigen das auch gerne. Besonders eindrucksvoll fielen die Feiern im Jahr 2017 zum 150. Jahrestag aus.

Der 1. Juli gilt als Geburtstag Kanadas. Aber ganz so einfach ist es historisch nicht. Die Beitritte der einzelnen Provinzen eignen sich perfekt für historische Fragen am Canada Day.

Wann schlossen sich die ersten Provinzen zusammen? Am 1. Juli 1867

Welche waren die ersten Provinzen? Upper Canada, das spätere Ontario, und Lower Canada, das spätere Quebec, schlossen sich mit Nova Scotia und New Brunswick zusammen.

Und wer trat als Letztes bei? Die Provinz Newfoundland and Labrador 1949 als letzte Provinz, das neugeschaffene Territorium Nunavut 1999 als Territorium. Seitdem besteht Kanada aus zehn Provinzen und drei Territorien.

Die Gewinner des Quiz in Tahsis auf Vancouver Island bekommen von der Vorsitzenden Preise wie zum Beispiel diesen Becher. Und alle Anwesenden Hotdogs und heiße Schokolade.

Provinzen und Territorien

Kanada besteht aus zehn Provinzen und drei Territorien. Der Hauptunterschied besteht darin, dass die Provinzen ihre Autorität direkt durch den Constitution Act von 1867 beziehen. Sie haben eine große Autonomie gegenüber der Bundesregierung, einen eigenen Premierminister sowie ein eigenes Gerichtssystem. Die Territorien bekommen ihre Autorität durch die Bundesregierung und sind weniger eigenständig.

Calgary
ALBERTA COLLEGE OF ART + DESIGN
ACAD
CANADA 150
1867 - 2017

CANADIAN HUMOUR

This Is That

Area plows using Skittles to maintain roads. **– Flächenpflüge nutzen Skittles zur Instandhaltung von Straßen.**

The North Bay Bay, 6. Januar 2020

Echt jetzt? Man verwendet in Ostkanada Skittles, die kleinen fruchtigen Kaubonbons, statt Salz zum Streuen? Weil es kostengünstiger und umweltfreundlicher ist?

Nein, natürlich nicht. Die Webseite *The North Bay Bay* ist eine satirische, parodistische Nachrichtenseite. Und erwähnt so in ihrem Disclaimer gleich zwei wichtige Eigenschaften des kanadischen Humors: Satire und Parodie. Die dritte Eigenschaft ist Ironie.

Wie auf so vieles in ihrem Land, sind die Kanadier auch auf ihren Humor stolz. Im Netz gibt es Webseiten wie *Meanwhile in Canada,* die genüsslich über alle kanadischen Klischees wie Kälte, Schnee und Bären Witze reißt. Im Radio gab es auf *CBC Radio* eine Sendung mit dem Namen *This Is That,* die 500 gut gemachte *fake stories* brachte, ehe sie eingestellt wurde.

Auch *stand-up comedy* ist in Kanada weit verbreitet. Am Humber College in Toronto kann man es sogar studieren.

Kanadier haben Sinn für Humor und können über sich selbst lachen. Und so abwegig ist der Gedanke mit den Skittles statt Streusalz schließlich nicht. Man könnte es direkt glauben. Obwohl der Untertitel der Seite einen natürlich stutzig machen sollte: *»The North Bay news source you can blindly trust.«* – »Die North Bay Nachrichtenquelle, der sie blind vertrauen können.«

Das Comedy-Festival *Just For Laughs* findet jedes jahr in Montreal statt.

CANNABIS
Legaler Rausch

Im Vorgarten stehen Töpfe mit Marihuanapflanzen und auf der Straße riecht es manchmal süßlich – auch das ist Kanada.

Seit dem 17. Oktober 2018 ist es in Kanada legal, Marihuana zu rauchen, Kekse mit Kick zu backen oder Cannabis in der Küche zu verwenden. Immer vorausgesetzt, der Konsument ist mindestens 18 Jahre alt.

Und wie bei Tabak gelten Einschränkungen für das Rauchen.

Viele Kanadier sind auf E-Zigaretten umgestiegen, also haben die Rauchverbotsschilder nun drei durchgestrichene Symbole: die »klassische« Zigarette, die elektronische Zigarette und das Marihuanablatt.

Wer möchte, kann seinen Stoff sogar legal selbst anbauen. Pro Haushalt sind vier Pflanzen für den Eigengebrauch erlaubt. Für den Verkauf entstehen überall im Land neue Plantagen, die vom Staat genehmigt werden müssen. Und genau wie Alkohol darf Cannabis nur von lizenzierten Händlern verkauft werden.

Im Cannabis Act ist auch geregelt, wie viel jeder besitzen darf. Legal ist der Besitz von 30 g getrocknetem Cannabis oder der entsprechenden Menge in einer anderen Form: frisch, essbar, als Konzentrat oder als Pflanze.

Das Ziel der Legalisierung ist es, Cannabis zu entkriminalisieren und den Konsumenten den Zugang zu Cannabis in guter Qualität zu ermöglichen. Daher muss man auch die Samen für die Pflanzen im Vorgarten von einem legalisierten Händler beziehen.

Der erste Tag der Legalisierung im Oktober 2018: Menschen warten im Regen in Saint John, New Brunswick

CASHLESS ESTABLISHMENTS

Konsumieren ohne Bargeld

***Cashless Establishment* steht auf dem Aushang im Fenster eines Cafés in Dunbar, Vancouver. Das bedeutet: In diesem Café kann nur noch einkaufen, wer im Besitz einer Bankkarte ist.**

Genauso ist es im Café Grounds for Coffee in der Alma Street in Vancouver. Wer hier einen Kaffee oder einen *cinnamon bun* möchte, muss elektronisch zahlen.

Die *cashless establishments* nehmen zu. Ebenso die Diskussionen darüber, ob dies eine gute oder schlechte Entwicklung sei. Die Vorteile: An der Kasse geht es schneller, da Münzen suchen und Geld rausgeben wegfällt. Und wo kein Bargeld ist, kann keines gestohlen werden. Für den Staat ist es außerdem ein Vorteil, dass die Geldströme dadurch nachvollziehbarer werden.

Die Nachteile: Bei Stromausfall funktioniert nichts mehr. Wie können ältere Menschen einkaufen, die mit der neuen Technik nicht zurechtkommen? Und was ist mit dem ärmeren Teil der Bevölkerung, den Menschen, die kein Bankkonto haben oder keine Karte von ihrer Bank bekommen?

Noch darf man bei Grounds for Coffee im Notfall mit Bargeld zahlen. Allerdings werden nur Scheine angenommen, keine Münzen. Und man bekommt kein Wechselgeld zurück. Stattdessen gibt es eine Spendenbescheinigung über den nicht erhaltenen Betrag, der an eine karitative Institution geht.

Aushang im Fenster
eines Cafés in Vancouver

CELEBRATION OF LIFE

Feier des gelebten Lebens

Immer öfter findet statt eines Begräbnisses eine »Feier des Lebens« statt. Man betrauert nicht den Tod, sondern feiert das Leben des oder der Verstorbenen.

»*The traditional funeral is on its deathbed*«, lautete eine Überschrift in der Tageszeitung *Toronto Star* vom 26. Mai 2014. »Das traditionelle Begräbnis liegt im Sterben.«

Die Zahl der Kremationen nimmt zu, die der Begräbnisse ab. Das hat zum einen finanzielle Gründe, denn ein Begräbnis ist teuer. Und so wird jetzt das Geld lieber für eine schöne Feier mit den Familienangehörigen ausgegeben als für einen kostspieligen Sarg.

Aber es steht auch eine gewandelte Einstellung dem Tod gegenüber dahinter. Es ist ein Zeichen für die Verdrängung des Todes in der heutigen Gesellschaft. Man betrauert nicht mehr den Tod, sondern würdigt stattdessen das Leben, das der Verstorbene geführt hat.

Man isst und trinkt zusammen, hört die Lieblingsmusik des Verstorbenen, schaut Videoclips aus seinem Leben und erinnert sich an die Geschichte und die Geschichten. Man feiert im wahrsten Sinne des Wortes das Leben, das er gelebt hat: *celebration of life.*

28

CHINATOWNS

Historische und neue chinesische Städte

Sie kamen als Arbeiter für den Bau der Eisenbahn und blieben; oft einfach auch deswegen, weil das Geld für die Rückreise fehlte.

Die schmalste Gasse in Kanada ist in Victoria auf Vancouver Island. An der schmalsten Stelle ist die Fan Tan Alley im historischen Chinatown gerade mal 90 Zentimeter breit. Früher waren hier die Opiumhöhlen, heute ist die Gasse eine beliebte Touristenattraktion mit kleinen Designerläden, Kunstgalerien und Cafés.

Die Chinatown in Victoria ist Kanadas älteste ihrer Art. Aber auch viele andere kanadische Städte haben eine Chinatown. Dort findet man chinesische Läden, Restaurants und Apotheken. Und durch chinesische Versicherungen, Reisebüros und Anwälte eine komplette chinesische Infrastruktur.

So hat Calgary ein großes chinesisches Kulturzentrum, das Chinese Culture Centre, das an den Himmelstempel in Peking erinnert. Hier gibt es eine Bibliothek mit englischen und chinesischen Büchern und ein Museum. Außerdem werden hier Feste wie das chinesische Neujahrsfest gefeiert.

Chinatown Vancouver hat einen wunderschönen chinesischen Garten und Park, den Dr. Sun Yat-Sen Classical Chinese Garden.

Durch den Eisenbahnbau und den Gold Rush kamen viele chinesische Arbeiter ins Land. Als der Eisenbahnbau beendet und der Goldrausch vorbei war, fehlte vielen das Geld, um in die Heimat zurückzukehren. Sie blieben im Land und eröffneten Waschsalons oder Restaurants oder arbeiteten als Köche.

Vor der Übergabe Hongkongs an die chinesische Verwaltung 1997 kamen sehr viele Chinesen nach Vancouver und kauften dort Häuser und Geschäfte. Nach der letzten Erhebung 2016 leben 1,77 Millionen Kanadier mit chinesischen Wurzeln im Land, das sind fast fünf Prozent der Bevölkerung.

Chinesischer Laden in der Huron Street, Toronto

29

COTTAGES

Sommerhäuser aus Holz

Sommerabend auf dem *deck:* Bier in der Hand, Hamburger auf dem Grill, Blick auf den See – das ist für viele Städter das perfekte Setting für ein entspanntes Wochenende.

Was ist das Schöne an einem Cottage oder einer *cabin?* Es liegt mitten in der Natur, am besten an einem See oder Fluss. Strom, fließendes Wasser und Internet kann sein, muss aber nicht. In das Ferienhaus fährt man schließlich, um mal von allem wegzukommen und zu entspannen.

Der Aufenthalt in einem Cottage ist ein so beliebter Lifestyle, dass es in Kanada sogar ein Magazin dafür gibt: *Cottage Life.*

In dieser Zeitschrift findet man Tipps für die Einrichtung im *cottage style,* einer Art gehobenem Landhausstil mit Kamin. Außerdem gibt es Informationen zum Outdoor-Leben. Und da die Handwerker weit weg sind, gibt es auch Tipps für das *DIY,* das *Do-It-Yourself.* Also Anleitungen für Reparaturen am Wochenendhaus aus Holz.

Besonders beliebt ist der *Cottage-Lifestyle* in Ostkanada. Die Gebiete mit den Ferienhäusern in Ontario werden *cottage country* genannt, und der dazu gehörige Wochenendverkehr heißt dementsprechend *cottage country traffic.* Zwei Stunden Autofahrt trennen die Muskoka Region, das berühmteste *cottage country,* von der Metropole Toronto.

Justin Bieber, Tom Hanks, Steven Spielberg, Goldie Hawn und Kurt Russell sind nur einige der vielen nordamerikanischen Promis, die hier ein Ferienhaus besitzen. Kein Wunder, schließlich ist ein *cottage* in der Natur der perfekte Ort, um sich von der Hektik des Lebens in der Großstadt zu erholen.

Robert Service Cabin,
Dawson, Yukon

DINER

Mehr als *Breakfast & Burger*

Selbst abgelegene Orte haben meistens einen *diner,* in dem man Kaffee trinken, frühstücken und Freunde treffen kann.

Diner sind einfache Restaurants, Bistros oder Cafés, in denen man zwanglos essen kann. Traditionell wurden die einfachen Restaurants von ihren Besitzern oder Pächtern betrieben und auch heute noch findet man viele *diner,* die nicht zu einer Kette gehören.

Zwei Freundinnen zum Kaffeeklatsch, eine Großfamilie, ein älterer Mann, der hier zu Mittag isst – im *diner* sind alle gut aufgehoben. Gerade in kleinen Orten haben diese einfachen Restaurants etwas Familiäres, man kennt sich, trifft sich hier zu Frühstück, Brunch oder *lunch.*

Die Speisekarte ist klassisch nordamerikanisch, also Suppen, Sandwiches und Hamburger. Die Portionen üppig, die Preise reell. Hier kann sich (fast) jeder ein Essen leisten.

Zu einem richtigen kanadischen Frühstück im *diner* gehören Eier, dazu gibt es *hash browns,* klein geschnittene Kartoffeln, roh gebraten. Plus Kaffee, und das reichlich. Außerdem gibt es hausgemachte Kuchen, Muffins und *pies,* gefüllt mit Blaubeeren oder anderem Obst der Saison.

In einem *diner* zu essen, ist ein bisschen, als ob man bei Freunden zu Hause i(s)st. Gerade in kleinen Orten sind die *diner* daher so etwas wie die Seele des Dorfes, ein öffentliches Wohnzimmer, ein Umschlagplatz für den Dorfklatsch.

Kein Wunder, dass der *diner* in vielen nordamerikanischen Filmen eine Rolle spielt, oft mit einer etwas schrägen Kellnerin, die zu *pie* und Kaffee eine Portion Lebensweisheit gleich mit serviert.

Für Reisende ist ein *diner* perfekt. Man betritt das kleine Restaurant und setzt sich in eine *booth* (Nische) oder an den *counter* (Tresen). Man bekommt die Karte und noch etwas *small talk* dazu.

Danach weiß die Kellnerin, woher man kommt und wohin man möchte. Der Reisende weiß, wie das Wetter wird und in welchem Zustand die Straßen sind. Und eine Empfehlung für die Tagesspezialität gibt es natürlich auch.

Tahsis Time Grill, Tahsis, Vancouver Island

Nice Cafe, 8th Ave, Vancouver

31

DISTILLERY DISTRICT

Neues Leben im alten Viertel

In Toronto werden die Geschäfte im *Financial District* gemacht. Die Italiener wohnen in *Little Italy,* die Inder in *Little India.* Und der *Distillery District* ist das Gastronomie- und Künstlerviertel.

Der *Distillery District* ist als Drehort so beliebt, dass man hier nicht einfach fotografieren oder filmen darf. Wer ein Foto für mehr als den persönlichen Gebrauch nutzen möchte, muss eine Genehmigung beantragen.

Das ehemalige Industrieviertel mit seinen Gebäuden im viktorianischen Stil war schließlich schon mehr als 800 Mal Drehort von Film- und Fernsehproduktionen. So zum Beispiel bei Alfred Hitchcocks Film *Die Vögel.*

Seit 2003 sind hier Restaurants, Cafés, Läden und Kunstgalerien entstanden. Schon mittags sind die Restaurants voll, die Geschäftsleute des nahegelegenen *Financial District* kommen hierher zum Essen.

In kleinen Boutique-Läden hängen Kleider und Taschen, geschmackvolles Kunsthandwerk zu entsprechenden Preisen.

In der Thompson Landry Gallery im Stone Distillery Building glänzen großformatige moderne Bilder durch eine Lasur aus Harz, daneben stehen große Skulpturen. In den Master Painter Room darf man allerdings nur auf Anfrage, denn die Bilder der *master painter* kosten ab 15.000 Dollar.

Die Kunden sind Geschäftsleute aus dem *Financial District,* Reiche aus Toronto und die Filmindustrie, die Bilder für Dreharbeiten leiht.

Im Sommer gibt es hier Jazz-Festivals, im Winter den Toronto Christmas Market. Das alte Industrieviertel hat sich als bunte Shopping-, Gastronomie- und Ausgehmeile etabliert.

GOODERHAM

DIVERSITY

Ein Mosaik aus verschiedenen Kulturen und Nationen

Aus welchem Land der sehr schlanke Transsexuelle mit dem Nasenring wohl kommt? Kommt er aus Afrika, oder aus Indien? Schwer zu sagen …

Der junge Fahrgast steht im Bus der Linie 7 in Vancouver und unterhält sich mit einer älteren grauhaarigen Frau, der er gerade seinen Platz angeboten hat. Als die Frau einige Stationen später aussteigt, weiß sie, welches Smartphone das beste für sie wäre. Und nein, es handelt sich hier nicht um einen Telefonverkäufer im öffentlichen Nahverkehr.

In Kanada reden oft Menschen miteinander, die von Aussehen, Kleidung und Herkunft her verschieden sind. Die kanadische Gesellschaft ist stolz darauf, Unterschiede und Anderssein zu akzeptieren.

»*Difference: the only thing we have in common*«, steht auf Plakaten am Flughafen von Montreal. »Unterschiede: das Einzige, das wir gemeinsam haben.«

Die Nation Kanada ist jung, der Staat wurde erst 1867 gegründet. Besiedelt ist das Land schon seit 12.000 Jahren. Ab dem 17. Jahrhundert beginnen Europäer in Kanada zu siedeln. Heute hat das Land eine Bevölkerung von über 37 Millionen Menschen, die über 200 verschiedene ethnische oder nationale Herkünfte haben.

Viele haben mehrere ethnische oder nationale Wurzeln, so wie der oben erwähnte junge Fahrgast im Bus auch. Kanada möchte kein *melting pot* sein, kein Schmelztiegel, sondern schätzt Unterschiede und heißt jeden willkommen. Auch das verkünden Plakate auf dem Flughafen von Montreal.

Welcome diversity, Unterschiede willkommen zu heißen, betrifft nicht nur Herkunft, Aussehen und Religion, sondern auch das Geschlecht. So gibt es mittlerweile Unisex-Toiletten, und wenn nicht, dann wird darauf hingewiesen, dass auch *gender diverse people* willkommen sind.

Olympic Plaza, Calgary

Unisex-Toilette

33

DZUNUKWA

Wild Woman of the Woods

Runde Augen, aufgeworfene Lippen, blanke Brüste – das ist Dzunukwa, die wilde Frau der Wälder.

Die Riesin Dzunukwa hat eine menschliche Gestalt, ist aber doppelt so groß wie ein Mensch. Sie wohnt tief im Wald. Auf dem Rücken trägt sie oft einen Korb. Ihre Lippen sind wie zu einem Kuss geformt, so lockt sie kleine Kinder an, die sie dann in ihrem Korb nach Hause trägt. Und dort verspeist. Daher trägt sie auch den Namen *cannibal woman* – Kannibalenfrau.

Nur gut, dass Dzunukwa etwas ungeschickt und nicht besonders klug ist. So gelingt es meistens einem der Kinder, sie zu überlisten, und die Kinder können doch noch entkommen.

Ihre Figur ist ein Element auf vielen Totems. Außerdem werden Dzunukwa-Masken bei Zeremonien verwendet. Sie verfügt nämlich über magische Schätze und Reichtum und kann Wohlstand bringen. So kann schon der Besitz einer Dzunukwa-Maske als Statussymbol gelten.

Das männliche Gegenstück ist der kleine *Wild Man of the Woods* mit seiner schnabelartigen Hakennase. Auch er lebt im Wald. Seine Name ist Bak'wis. Er ist der König der Geister und zuständig für die Seelen der Ertrunkenen.

Beide – Dzunukwa und Bak'wis – gehören zu den mythischen Figuren der Kwakwaka'wakw und der Nuu-chah-nulth, Ureinwohnern an der Westküste Kanadas.

EAST COAST LIVING

Hummer, *indian summer* und kalte Winter

East Coast Living vs. _West Coast Living_ – wo lebt es sich besser?

Die Ostküste ist sozusagen das kanadische Maine. Die Küstenstädte haben den Flair von Fischerorten und die Gastronomie ist berühmt für die fangfrischen Hummer und anderes Seafood (siehe Seite 134).

Die beste Reisezeit für Atlantic Canada ist in den Sommermonaten und zum berühmten *indian summer* im September/Oktober, wenn die Blätter der Bäume in kräftigem Gelb, Rot und Orange leuchten.

Atlantic Canada besteht aus den vier Provinzen New Brunswick, Nova Scotia, Prince Edward Island und Newfoundland and Labrador. Ein Besuch lohnt sich wegen der beeindruckenden Landschaft, den eindrucksvollen Leuchttürmen und der Möglichkeit, hier Wale und Eisberge zu sichten. Der Highway am Cape Breton, der Cabot Trail, gehört zu den schönsten Highways Kanadas.

Hier, an der Küste, wo die ersten Europäer landeten, spürt man den französischen und keltischen Einfluss. Es wird mehr Französisch gesprochen als im Westen, und Musik wie Ceilidh und Kitchen Dance Party sind weit verbreitet.

East Coast Living ist übrigens günstiger als *West Coast Living*, da die Hauspreise niedriger sind. Es gibt auch Zeitschriften für das Leben an der Ostküste, so zum Beispiel das *East Coast Living Magazine* und das *Saltscapes Magazine*.

Links: Hotel-Restaurant Dalvay by the Sea, Dalvay, Prince Edward Island
Rechts: An der Küste der Prince Edward Island

EH

Das kanadische Englisch

Happy-Canada-Plakat und die Queen auf einer BC Ferry

What do you think? Not bad, eh?

Das »*Eh*« wird meist an das Ende des Satzes gestellt. Es kann zum Beispiel als Frage gelten. Oder man möchte den Inhalt des Satzes betonen oder gerne eine Zustimmung hören. So in der Art eines fragenden »Oder« oder eines schwäbischen »Gell«.

Ein »*Eh*« an das Ende eines Satzes zu hängen ist absolut kanadisch. Ansonsten unterscheidet sich das kanadische Englisch weniger vom US-amerikanischen Englisch, als manche Kanadier es vielleicht gerne hätten.

In Kanada geht man in den *washroom*, wenn man zur Toilette geht, nicht in den *restroom* wie in den USA. Das Geld kommt aus der *bank machine* und nicht aus der *ATM (Automated Teller Machine)*. Und die Couch heißt nicht *sofa*, sondern *chesterfield*.

Das kanadische Englisch hat seinen Ursprung im britischen und US-amerikanischen Englisch und ist von beiden Sprachen geprägt. Einige Wörter sind darüber hinaus im Land entstanden. Es wurden Wörter aus den Ureinwohnersprachen übernommen, so wie zum Beispiel »Wapiti« für den Hirsch, die Bezeichnung »*loonie*« für die Ein-Dollar-Münze und »*toonie*« für die Zwei-Dollar-Münze.

Diese Wörter sind entstanden, weil auf der Ein-Dollar-Münze ein *loon*, ein Seetaucher (Vogel) abgebildet war. Die Bezeichnung »*toonie*« für die Zwei-Dollar-Münze wurde aus *two* und *loonie* gebildet.

EISENBAHN

Vom Atlantik zum Pazifik

Zuerst hört man das Pfeifen, dann das regelmäßige Rattern der Räder auf den Gleisen. Es dauert lange, bis der Güterzug vorbeigefahren ist. Dann verschwindet der Zug, aber man hört noch das Pfeifen.

»You can hear the whistle blow a hundred miles«, sang die 60er-Jahre-Popgruppe *Peter, Paul and Mary* aus den USA. »Du kannst das Pfeifen noch 100 Meilen hören.« Auch wer in Kanada mit der Bahn fährt, wird das charakteristische Pfeifen der Eisenbahn noch lange im Ohr haben.

Eine ungewöhnliche Art, das Land zu entdecken, ist zum Beispiel eine Fahrt mit dem Rocky Mountaineer oder dem Canadian. Diese Luxusreisen dauern mehrere Tage und kosten einige Tausend Dollar. Gut verpflegt sieht man durch die großen Glasfenster die grandiose Landschaft

der Rocky Mountains vorbeigleiten.

Aber Zugfahren ist nicht nur Sightseeing für Touristen. Auch für den Transport sind die Eisenbahnen wichtig. In Kanada können die Güterzüge bis zu vier Kilometer lang sein, sie haben mehrere Loks und doppelte Lagen Container. Und selbstverständlich gibt es auch ganz »normale« Zugverbindungen. Einer der Anbieter ist zum Beispiel die staatlich subventionierte VIA Rail. In der Business Class ist das Reisen äußerst komfortabel. Es ist wie Fliegen, nur mit sehr viel mehr Platz. Eine Zugbegleiterin bietet Zeitschriften und Getränke an und serviert Mahlzeiten. Dank Tisch und großzügigem Platz kann man lesen, arbeiten oder einfach entspannen. Und nur die vorbeiziehende Landschaft und das Pfeifen erinnern daran, dass man sich in einem Zug befindet.

Frachtzug in Jasper, Alberta

37

EISHOCKEY

Neun Mal Olympisches Gold für Kanada

***Ice Hockey* ist in Kanada so weit verbreitet, dass man das *ice* nicht erwähnt. Es versteht sich von selbst, dass mit *hockey* Eishockey gemeint ist.**

Eishockey und seine Spieler sind in Kanada legendär. Allen voran Wayne Gretzky, den viele Experten für den besten Eishockeyspieler aller Zeiten halten. Immerhin hält er mit 894 Toren einen ewigen Rekord. Selbstverständlich ist er einer der Berühmtheiten der Hockey Hall of Fame. Dort sind sogar seine ersten Schlittschuhe ausgestellt.

Die Hockey Hall of Fame befindet sich im Stadtzentrum von Toronto, Ecke Yonge und Front Street. Alleine die Existenz so einer Ruhmeshalle zeigt, wie wichtig *hockey* in Kanada genommen wird. In der Hockey Hall of Fame sind mittlerweile über 400 Spieler verewigt.

Eigentlich hat Kanada aber zwei Nationalsportarten. Für den Sommer Lacrosse, für den Winter Eishockey – wobei Letzteres mehr als eindeutig das Beliebtheitsranking anführt. Lacrosse ist eine Ballsportart, die schon von den Ureinwohnern gespielt wurde, und bei uns weit weniger Popularität genießt.

Kanada hat 1920 zum ersten Mal an den Olympischen Winterspielen teilgenommen, und gleich Gold im Eishockey geholt. So wie auch in den darauffolgenden Winterspielen von 1924, 1928 und 1932.

Die Olympischen Winterspiele wurden übrigens zweimal in Kanada ausgetragen. 1988 in Calgary. Und 2010 in Vancouver. Mit einer Goldmedaille für die Kanadier, im Endspiel gegen die USA. Insgesamt gab es für die kanadischen Eishockeyspieler bisher neun Mal Gold.

Hockey Hall of Fame, Toronto

FÄHREN
Highways auf dem Wasser

Der schönste Platz auf einer großen Fähre ist vorne, im großen Raum mit Panaromafenstern, mit Blick auf das Wasser und die vielen kleinen Inseln. Manchmal sieht man sogar Wale.

259 Fähren sind laut der Canadian Ferry Association in Kanada unterwegs. Im zweitgrößten Land der Welt wäre der Verkehr ohne die Fähren undenkbar. Sowohl der Westen als auch der Osten Kanadas haben lange Küstenstreifen mit vielen Inseln.

Im Westen liegt Vancouver Island, im Osten die Prince Edward Island. Sie ist über eine Brücke und einen Fährdienst mit dem Festland verbunden.

Vancouver Island ist ganz auf die Fähren angewiesen, daher gibt es mehrere Verbindungen. In knapp zwei Stunden fährt man von Nanaimo oder Victoria aus ans Festland nach Vancouver.

Im Norden von Vancouver Island verbindet eine Fähre die Städte Port Hardy und Prince Rupert auf dem Festland. Diese rund 500 Kilometer lange Fährfahrt dauert mindestens 15 Stunden, bei starkem Seegang durchaus auch länger. Und spart doch Zeit, denn mit dem Auto müsste man zunächst mit einer Fähre nach Vancouver übersetzen und insgesamt 1.950 Kilometer fahren.

Auf den großen Fähren ist für alles gesorgt. Es gibt Spielzimmer für die Kleinen, eine Cafeteria und ein Restaurant. Und natürlich einen *gift shop*, der ein gutes Angebot an Zeitschriften und lokaler Literatur hat. Diese Fähren haben sogar ein Deck für die Sonnenhungrigen bei gutem Wetter.

Bei kleineren Fähren wie der Tachek, die zwischen den Inseln Quadra Island und Cortes Island verkehrt, ist das alles nicht nötig – die Überfahrt dauert nur 45 Minuten. Dafür kann man gleich mehrere Fahrten genießen, denn wer Cortes Island vom Festland aus erreichen will, muss insgesamt mindestens drei Fähren benutzen – von Vancouver nach Vancouver Island, von Campbell River nach Quadra und von dort dann nach Cortes Island!

Fähre der BC Ferries

Fähre in Dawson

39

FARBEN

Bunte Häuser gegen graue Winter

Die Farben geben den kanadischen Orten das gewisse Etwas. Sobald es Frühjahr wird, werden die Hängeampeln mit den Blumenmischungen aufgehängt und die Blumenkästen vor dem Fenster bunt bepflanzt. So wie bei dem gelben Haus mit den hellblauen Umrandungen in der Hauptstraße von Alert Bay auf Cormorant Island.

Viele Häuser sind zweifarbig, für die Kombinationen finden die Hausbesitzer Tipps in Magazinen wie *Canadian Living* oder *House and Home*. Denn viele Häuser in Kanada sind aus Holz und müssen daher alle paar Jahre neu gestrichen werden.

In den Läden, die Farben verkaufen, gibt es kleine Streifen mit den *shades* der entsprechenden Farbe. Denn von *Malaysian Mist* über *Dragonfly* zu *Night Watch* – alleine Blau gibt es in vielen Tönen. Bei den anderen Farben ist es genauso. Primärfarben sieht man in Kanada selten, es werden eher die abgedämpften, die Tertiärfarben verwendet.

Es gibt auch Orte wie St. John's auf Newfoundland, wo die Häuser in knallbunten Farben gestrichen wurden. Der Ort wurde dadurch zu einer Touristenattraktion – so knallbunte Häuser wie die *»Jelly Beans Houses«* genannten Häuser sind in Kanada eher selten.

Signal Hill in St. John's, Newfoundland

FARMERS' MARKETS

Fresh, locally grown, seasonal

Es begann mit einem Obststand am Straßenrand und wurde zu einer Touristenattraktion – The Old Country Market in Coombs auf Vancouver Island.

Von Campbell River auf Vancouver Island im Westen bis Charlottetown auf Prince Edward Island im Osten gibt es *Farmers' Markets.* In ganz Kanada steigt die Zahl der Bauernmärkte kontinuierlich an. Die Märkte finden in den Sommermonaten statt, meistens am Sonntag.

Auf diesen Märkten verkaufen die lokalen Bauern ihre Produkte. Und die Nachfrage danach steigt, weil das Bewusstsein für ökologische Produkte steigt. Außerdem macht es Spaß, über die Märkte zu schlendern.

Es gibt winzige Märkte im Freien, wie die drei Stände in Tahsis (Vancouver Island) am gleichnamigen Inlet mit ihrem schmalen Angebot am Sonntagmorgen.

Markthallen mit Gourmetangebot wie den Granville Island Public Market in Vancouver, wo man neben dem lokalen Angebot der Bauern auch französischen Käse und deutsches Brot findet.

Oder ein ganzes Dorf wie Coombs, wo jahrmarktähnliche Atmosphäre herrscht. Es begann mit dem beschriebenen Obststand am Straßenrand. Dann folgte ein Markt. Und als man die Ziegen auf dem Grasdach grasen ließ, wurde der Ort zu einer Touristenattraktion. Heute findet man dort alles – von selbstgebackenen Keksen bis zu Kleidern aus Indien. Der Markt in Coombs hat jeden Tag geöffnet und schließt nur wenige Monate im Winter.

Allerdings kann man sich die Frage stellen, ob das noch ein *Farmers' Market* ist.

Granville Island Public Market, Vancouver

Coombs Old Country Market, Vancouver Island

FESTIVALS

Von Toronto Pride Day bis *pow wows*

Musik, Film, Theater, Gastronomie – es gibt viele Anlässe für Festivals in Kanada.

Das Toronto International Film Festival zieht jährlich 480.000 Besucher an. Das Montreal Jazz Festival sogar 2,5 Millionen.

Landesweit gibt es am 1. Juli Veranstaltungen zum Canada Day. Und natürlich findet auch Halloween Ende Oktober im ganzen Land statt. Selbst auf abgelegenen *gravel roads* grinst einen auf mancher Brücke ein ausgehöhlter Kürbis an.

Außerdem gibt es im ganzen Land *pow wows,* die traditionellen Kultur- und Tanzveranstaltungen der Ureinwohner. Daran darf jeder teilnehmen, die Orte und Termine findet man zum Beispiel auf der Seite von Indigenous Canada.

Andere Festivals gibt es nur an bestimmten Orten. Der internationale Feuerwerks-Wettbewerb Celebration of Light findet jedes Jahr im Sommer in Vancouver statt. Er zieht 1,6 Millionen Besucher an. Berühmt ist auch die Calgary Stampede – eigentlich eine Landwirtschaftsausstellung, in Wahrheit aber ein riesiges Volksfest und nebenbei die größte Rodeoshow der Welt.

Aber auch in kleinen Orten gibt es Ausstellungen und Festivals. In Prescott, Ontario, findet jedes Jahr im Juli und August das St. Lawrence Shakespeare Festival mit Aufführungen im Park statt. Am Toronto Pride Day im Juni nahm sogar schon Premier Justin Trudeau teil und schwenkte eine kanadische Flagge mit dem Symbol der LGBTQ-Bewegung.

Atlin Arts & Music Festival, Atlin, Yukon

FEUERLEITERN

Fluchtwege aus Eisen

Was wäre der Film *Breakfast at Tiffany's* ohne die Feuerleiter, auf der Audrey Hepburn mit ihrer Gitarre sitzt und *Moon River* singt? Und wie wäre das Ende von *Pretty Woman* ohne Feuerleiter, die von Richard Gere erklommen werden muss?

Oder das *Fenster zum Hof* von Alfred Hitchcock? Oder die *West Side Story?* Viele nordamerikanische Filme nutzen die eisernen Treppen außen an den Häusern – sei es als romantische Bühne oder als Fluchtweg bei Verfolgungsjagden.

Aber eigentlich wurden die eisernen *fire escapes* außen am Haus Bauvorschrift, um den Bewohnern einen Fluchtweg bei Feuer zu garantieren. Nordamerikanische Häuser waren aus Holz, außen wie innen. Wenn es brannte, dann brannte drinnen alles weg. Es blieb nur die Flucht außen. Und dazu brauchte man die Feuerleiter, die daher auch aus Eisen sein musste.

Aber wo man aus dem Haus heraus kann, kann man auch hinein. Und so besteht natürlich die Gefahr, dass Diebe über die Feuerleitern ins Innere gelangen.

Zum Glück zählt Kanada zu den sichersten Ländern der Welt mit einer seit 2000 kontinuierlich sinkenden Kriminalitätsrate. Und durch die Legalisierung von Cannabis wird noch mal eine Senkung erwartet.

FLÜSSE
Wasserwege

Die Flüsse Kanadas spielten eine wichtige Rolle bei der Erschließung des riesigen Landes.

Calgary liegt am Zusammenfluss von Elbow und Bow River. Montreal und Quebec liegen am Saint Lawrence River. Whitehorse liegt am Yukon River.

Kanada hat unzählige Flüsse. An ihren Ufern entstanden die ersten Siedlungen, denn die Flüsse waren eine wichtige Verkehrsverbindung und versorgten die Siedler mit Wasser und Nahrung.

Als der Pelzhandel in Kanada begann, transportierten die *voyageurs* die Biberpelze, die sie im Inland bei den Ureinwohnern einkauften oder eintauschten, mit Kanus an die Küste.

Dort an der Küste im Osten Kanadas lagen die Niederlassungen der Hudson's Bay Company und der North West Company. Die meisten der *voyageurs* waren Franzosen oder Métis, Nachfahren von europäischen Pelzhändlern mit einheimischen Frauen.

Waren Flüsse damals als Transportwege entscheidend, so erfüllen sie heute auch noch andere Funktionen.

Kanadier verbringen ihre Freizeit gerne *outdoor* und besonders gerne am Wasser, also an Küsten, Seen oder Flüssen. Hier kann man angeln, Kajak oder Kanu fahren und baden.

Für Angler sind die kanadischen Flüsse ein Paradies. Lachse, Forellen und Hechte leben in den kanadischen Flüssen. Hier können auch Fliegenfischer ihre Kunst probieren.

Flüsse sind darüber hinaus wichtig für den Bestand der Lachse. Die Lachse ziehen im Herbst die Flüsse hinauf zu ihren Geburtsstätten, laichen ab und sterben dann. Um die Lachse zu erhalten, gibt es an einigen Lachsflüssen eine *hatchery,* die Lachse züchtet und wieder aussetzt. In diesen Lachsflüssen ist das Angeln natürlich verboten.

Liard River, Yukon

44

FOOD TRUCKS

Avocado toast & zucchini noodles

Mittags in der Stadt. Sonne. Ein Wetter, das zum Draußensitzen einlädt. Viele Angestellte versorgen sich an diesen Tagen mittags an *food trucks.* Die *food trucks* bieten alles von *burger* bis *smoothies.*

Hotdog ist wohl der Klassiker, der an *food trucks* auf Papptellern serviert und mit den Händen gegessen wird. Man bekommt das heiße Würstchen auf Brot und belädt es dann mit den anderen Zutaten: Ketchup, Senf, *relish,* Zwiebelwürfeln, Chilisoße, Käse ... jeder packt so viel drauf, wie er möchte. *Relish* ist eine Art grünes Chutney aus Gewürzgurken und Senf.

Mittlerweile gibt es neben den Hotdogs eine große Vielfalt an Gerichten. In den letzten Jahren haben die *food trucks* und damit auch die Auswahl weiter zugenommen. Man bekommt alles: vom Thai-Essen bis zum Vitaminsaft.

Im Sommer setzt man sich mit seinem Essen einfach auf eine Mauer oder eine Bank und genießt. Aber was machen die *food trucks* eigentlich im Winter? Sie sind auch da, aber sie haben entsprechend weniger Umsatz. Wer steht schon gerne bei Kälte und Regen draußen und wartet in einer Schlange auf sein Essen? Die Besitzer der *food trucks* versuchen, trotzdem Umsatz zu machen, indem sie zum Beispiel mit Büros kooperieren, liefern oder auf Veranstaltungen stehen.

Die *Hot Dog Etiquette* vom National Hot Dog and Sausage Council verlangt, dass Hotdogs unbedingt aus der Hand gegessen werden müssen. Stoffservietten sind tabu, Wein wird nicht dazu getrunken und die Finger gehören am Ende des Mahls abgeleckt. Sie verbietet auch Ketchup für jeden über 18 Jahre.

Aber daran muss man sich ja nicht halten.

Food Truck in der Innenstadt von Vancouver

FORTS

Handelsposten und Verteidigung

Die ehemaligen Handelsposten und Festungen waren die Grundlage für die Entstehung Kanadas.

Fort Wellington in Prescott, Ontario, liegt am Ufer des Saint Lawrence River; direkt auf der anderen Seite beginnen die USA. Hier im Fort bekommt man einen guten Eindruck davon, wie das Leben in einer Festung damals ablief.

Im ersten Stock wohnten die Soldaten mit ihren Familien gemeinsam in einem großen Raum. Jede Familie hatte ein großes Bett mit einer Matratze aus Stroh, über dem Bett gab es ein Regal für die Habseligkeiten der Familie. Hatte das Paar mehr als ein oder zwei Kinder, mussten die Kinder unter dem Bett schlafen. Privatsphäre gab es nicht. Auch nicht auf den Toiletten. Die Latrinen befanden sich im Hof – ein Raum für die Offiziere, einer für die Soldaten, einer für Frauen und Kinder.

Fort Wellington wurde errichtet, um im Britisch-Amerikanischen Krieg Angriffe der USA abzuwehren. Aber nicht alle Forts entstanden als militärische Festungen, viele wurden als Handelsposten der Hudson's Bay Company errichtet.

So wie zum Beispiel Fort Langley in BC, das heutzutage besichtigt werden kann. Dort sind im Lagerraum Biberfelle, Gewehre und Decken gestapelt. Ein Schmied fertigt an der Esse Werkzeuge, in einem anderen Gebäude erklärt eine Ureinwohnerin in Tracht, wie das Leben damals für die *Indigenous* aussah.

Das Fort auf dem Citadel Hill in Halifax, Nova Scotia, entstand 1749, Fort Wellington 1812, Fort Langley 1839 – viele Forts sind älter als das Land Kanada, das 1867 gegründet wurde. Heute sind sie National Historic Sites und können besichtigt werden.

Fort Wellington
National Historic Site,
Prescott, Ontario

FOUR WAY STOP

Kreuzungen mit vier Stoppschildern

Vier Fahrzeuge fahren auf die Kreuzung zu, jede Straße hat ein Stoppschild. Wer darf jetzt zuerst fahren?

In vielen kanadischen Städten findet man sogenannte *Four Way Stops*, Kreuzungen, an denen alle Verkehrsteilnehmer anhalten müssen. Der Vorteil ist, dass der Verkehr dadurch verlangsamt wird, da die anderen Verkehrsteilnehmer wahrgenommen werden müssen. Dabei ist Autofahren in Kanada sowieso schon sehr defensiv.

Die Straßen sind zumeist großzügig angelegt, die Kreuzungen übersichtlich, die Parkplätze groß. In den Städten sind maximal 50 km/h erlaubt, auf Landstraßen 80 km/h, auf Highways 100 oder 110 km/h, je nach Provinz. Wird die Straßenführung durch Kurven, Steigungen oder Gefälle unübersichtlicher oder gefährlicher, wird die Geschwindigkeit sofort gesenkt. An Baustellen regeln Straßenarbeiter in gelb-orangen Westen mit *Slow*- oder *Stop*-Schildern den Verkehr.

An den *Four-Way-Stop*-Kreuzungen darf derjenige zuerst fahren, der zuerst angekommen ist. Dann der nächste – und so weiter. An roten Ampeln darf man übrigens rechts abbiegen, wenn es nicht ausdrücklich als verboten ausgeschildert ist.

GÄNSE

Symbol und Plage

Sie ziehen in Scharen über die Wiesen. Sie sind überall. Nicht nur auf Wasser, Wegen und Wiesen, sondern auch in den Souvenirläden als Schmuck, Figuren und auf T-Shirts.

Die Silhouette der fliegenden Kanadagans ist elegant und eignet sich daher gut als Brosche oder Anhänger. In den Souvenirshops bekommt man Kanadagänse auch als Figuren. Die lebenden Kanadagänse sind allerdings zunehmend zu einem Problem geworden. Der Anblick der im V fliegenden Gänse am Himmel ist toll. Der Anblick einer Wiese voller Gänsekot weniger. Und da die Gänse in den Städten das perfekte Umfeld finden, sind viele zu *resident geese* geworden, was bedeutet, dass sie das ganze Jahr über in der Stadt bleiben. Sie grasen auf Sport- und Picknickplätzen, Hundebesitzer klagen darüber, dass die Pfoten ihre Lieblinge nach dem Spaziergang voller Kot sind.

In Kanada im Dunkeln über eine Rasenfläche zu laufen, egal ob Stadt oder Land, bedeutet Gänsekot an den Schuhen. Die Beschwerden nehmen zu – es sind aber nicht nur die Exkremente, die Anstoß finden, die Gänse sind darüber hinaus laut, aggressiv, und betteln um Futter.

Im Internet gibt es hier und da Vorschläge, um das Problem zu beseitigen, indem man aus diesen Gänsen einfach einen guten Weihnachtsbraten macht. Aber obwohl man viele Berichte findet, dass das Gänsefleisch ausgezeichnet schmeckt – das will keiner so recht. Gänse werden genau wie Ratten und Tauben als eine Art städtisches Ungeziefer betrachtet.

Als Souvenir und Schmuck sind sie mit ihrer eleganten Form im Flug trotzdem immer noch beliebt.

GIFT SHOPS

Postkarten, Kühlschrankmagnete, Sweater

Man fragt sich: Wer bringt eigentlich diese riesigen Mengen an Souvenirs ans Ende der Welt? Und vor allen Dingen: Wer kauft das alles?

Verständlich, dass man in *downtown* Vancouver, Quebec oder Montreal unzählige Souvenirshops findet. Aber sie sind nicht nur in den großen Städten, sondern einfach überall.

Am Columbia Icefield in den kanadischen Rocky Mountains – ein riesengroßer *gift shop.* Am Maligne Lake mitten in der Wildnis – ein großer *gift shop.* Auf dem Sulphur Mountain in über 2.000 Meter Höhe – ein *gift shop.*

Und was findet man in diesen Souvenirläden? Zum Beispiel Westen oder Jacken mit dem Logo des jeweiligen Ortes. Die Kleidungsstücke sind gleich, nur der Aufdruck ist anders. Und Schmuck natürlich. Die Motive sind Gänse, Bären, Lachse, das Material ist Metall, Silber und Jade.

Wer wenig ausgeben möchte, kann einen Anstecker mit der kanadischen Flagge, einen Kühlschrankmagneten oder einen Schlüsselanhänger kaufen. Oder wenigstens eine Postkarte.

Manchmal findet man in diesen Shops auch wirklich Schönes oder Interessantes: Kinderbücher in Cree-Sprache. Abenteuergeschichten, die in der jeweiligen Gegend spielen wie das Buch *A Hunter of Peace* von Mary Schaffer am Maligne Lake.

Außerdem gibt es überall bunte Tücher, die man vermutlich auch woanders kaufen könnte. Aber wenn man sie am Ende der Welt ersteht, haben sie den Wert der besonderen Erinnerung. Und das wird wohl das Geheimnis des Erfolges der *gift shops* sein: Sie verkaufen letztlich Erinnerungen.

Infokasten Kinderbücher in indigenen Sprachen

Nicht nur für Kinder und nicht nur in Souvenirshops: Es gibt endlich Bücher in indigenen Sprachen. Im Montreal Review of Books vom 3. November 2019 wurden drei Kinderbücher in indigenen Sprachen von Taionrén:hote Dan David besprochen.
Eines der Bücher trägt den Titel *Kimotinâniwiw Itwêwina (Stolen Words).* Zwei Worte, die perfekt beschreiben, was den Ureinwohner passierte: Ihnen wurden die Wörter gestohlen, indem sie ihre Sprachen nicht sprechen durften.
Zum Glück gibt es mittlerweile Verlage wie Second Story Books in Toronto, die diese Bücher publizieren. Und große Buchhandlungen wie Chapters, in denen man sie kaufen kann.

TORONTO
Canada
Canada
CANADA
CANADA
TORONTO
TORONTO
CANADA
CANADA T-SHIRT
3.99 EA OR
3 FOR 9.99
Canada
EH!
CANADA T-SHIRT
3.99 EA
4 FOR 11.99
CANADA
ORIGINAL

GLEICHBERECHTIGUNG

The Famous Five

Auf dem Olympic Plaza in Calgary steht ein Denkmal aus Bronze: Fünf ältere Damen, die Tee trinken.

Der Olympic Plaza ist ein kleiner Platz im Zentrum von Calgary, der zu den Olympischen Winterspielen 1988 angelegt wurde. 20 Dollar kostete es, wenn man einen Stein mit seinem Namen auf dem Boden haben wollte. Rund 35.000 Personen beteiligten sich.

Der große flache Teich zeigt im Boden das Ahornblatt der Flagge in bunten Farben. Ein Symbol für das Mosaik, als das die kanadische Gesellschaft sich versteht. Eine Gesellschaft, in der alle gleichberechtigt sind.

Noch vor rund hundert Jahren war von Gleichberechtigung keine Rede. Bis Emily Murphy 1927 vor Gericht zog.

Emily Murphy war eine kanadische Frauenrechtlerin. Sie war die erste Frau in einem Richteramt und wollte für den Senat kandidieren. Aber laut der Verfassung, dem Constitution Act von 1867, durften nur *»persons«* in politische Ämter gewählt werden. Aber waren Frauen *persons?*

Emily Murphys Bewerbung wurde abgelehnt. Sie ging vor Gericht – und verlor. Denn der Richter beschied 1928: *»You, Madam, are not a person.«*

Mit vier anderen Frauen klagte Emily Murphy daraufhin vor dem Supreme Court und gewann. Von 1929 an waren Frauen nun auch »Personen« und durften somit kandidieren.

Das erste Wahlrecht für Frauen gab es ab 1918 in Alberta. Danach wurde es etappenweise eingeführt, Schlusslicht war die Provinz Quebec 1940.

Damit war ein erster und wichtiger Schritt für Gleichberechtigung der Frauen geschafft. Und heute?

Frauen verdienen auch in Kanada etwas weniger als Männer in vergleichbaren Positionen und stellen weniger als 30 % der Abgeordneten im Parlament. Allerdings hat Premierminister Justin Trudeau immerhin sein Kabinett paritätisch besetzt.

Das hat Kanada nicht zuletzt den fünf Frauen zu verdanken, die als Bronze-Denkmal auf dem Olympic Plaza an diesen Teil der kanadischen Geschichte erinnern.

Denkmal für die Famous Five, Olympic Plaza, Calgary

Emily Murphy, Olympic Plaza, Calgary

GLETSCHER
Bedrohte Landschaft

Fünf Meter zieht sich der Athabasca Glacier jedes Jahr im Schnitt zurück – 1,5 Kilometer in den letzten 125 Jahren.

Wir laufen auf den Gletscher zu, im Strom der anderen Besucher. Das Geröllfeld ist grau, steil und uneben. An manchen Stellen sieht man die Schraffierungen, die entstehen, wenn Steine beim Zurückziehen des Gletschers Spuren hinterlassen. Die Jahreszahlen am Rand des Weges in Richtung Athabasca Glacier veranschaulichen, was hier passiert: Der Gletscher zieht sich zurück und die Geschwindigkeit nimmt zu.

Wir dürfen bis zum Rand des Gletschers gehen, ihn aber nicht betreten. Jedenfalls nicht ohne Begleitung. Aus der Ferne sehen wir die gigantischen *Ice Explorer,* 27 Tonnen schwere Fahrzeuge mit

übergroßen Rädern, die Touristen auf das Eisfeld bringen.

Ob der Einsatz der schweren Fahrzeuge gut für den Gletscher ist? Wohl eher nicht, aber am Columbia Icefield ist ein großes Touristenzentrum entstanden. Mit *Discovery Centre* und Cafeteria, Souvenirshop und Toiletten. Und den Expeditionen auf den Gletscher.

Der Athabasca-Gletscher ist eine der sechs Hauptzungen des Columbia Icefields, das 325 Quadratkilometer groß ist. Es liegt zwischen dem Banff National Park und dem Jasper National Park und ist das größte Eisfeld der Rocky Mountains.

In Kanada liegt ein großer Teil aller Gletscher der Welt. Sie verschwinden überall, und mit ihnen viele Arten. Aufhalten lässt sich der Rückzug wohl nicht mehr.

Gletscher im Columbia Icefield, Rocky Mountains, Alberta

GRAVEL ROADS

Driving in the backcountry – Fahren im Hinterland

»The Tuktoyaktuk Road opens the world to a lovely community, and opens a wonderful village to the world.«

David Wills über den Inuvik-Tuktoyaktuk Highway

»Die Tuktoyaktuk-Straße öffnet einer liebenswerten Gemeinde die Welt, und öffnet der Welt ein wunderbares Dorf«, sagt David Wills über den Highway 10, besser bekannt als Inuvik-Tuktoyaktuk Highway. Dieser Highway verbindet die beiden Städte in seinem Namen zwischen dem 68. und 69. Breitengrad und gilt als »erste Allwetterstraße zur Arktischen Küste Kanadas«. Und er ist eine *gravel road.*

Im *backcountry,* in den unbewohnten Weiten Kanadas, beginnt das wahre Abenteuer. Die Tankstellen liegen beängstigend weit auseinander. Es gibt wenig Verkehr und keinen Handyempfang. Wer hier eine Panne hat, muss sich zu helfen wissen.

Eine *gravel road* oder *dirt road,* die sich heute gut befahren lässt, kann nach dem nächsten schweren Regen fast unbefahrbar sein. Dann zwingen *potholes* (Löcher) zum Langsamfahren, und auf den Gebirgsstraßen liegen abgespülte Steinbrocken auf der Fahrbahn.

Wer sich auf so eine Fahrt begibt, muss sich gut vorbereiten. Ausreichende Vorräte, Ersatzreifen und ein voller Tank sind eine Selbstverständlichkeit.

Kanada hat viele dieser *gravel roads.* Sie führen durch unbewohnte Gegenden, zu abgelegenen Orten und werden von Touristen kaum genutzt. Schon deswegen, weil die meisten Leihwagenfirmen das Befahren dieser Straßen verbieten. Ein Beispiel ist der Highway 20 im Westen des Landes, der ab Anahim Lake als gravel road ins Bella Coola Valley führt. Diese von den Bewohnern in Eigenregie erbaute Straße (Freedom Highway) ist vor allem ab dem Heckman Pass mehr als abenteuerlich.

Aber wer ein eigenes Fahrzeug hat und sich darauf einlässt, wird eine unvergessliche Fahrt durch unberührte Natur erleben. So wie David Wills, der die nicht geteerte Straße in den Norden der Northwest Territories mittlerweile schon zweimal mit seinem Motorrad gefahren ist.

Gravel road am Heckman Pass

GROUP OF SEVEN
Landschaft als Motiv

Klare Formen und gedämpfte Farben kennzeichnen die Malerei der *Group of Seven.* Ihr Motiv: die kanadische Landschaft.

Im *Historic Distillery District* in Toronto befinden sich viele Galerien, die kanadische Künstler ausstellen. Kanada hat eine eigene Kunstszene, deren Anfang auch den Malern der *Group of Seven* zu verdanken ist.

Maler wie Tom Thompson, Lawren Harris und Franklin Carmichael waren die ersten Künstler, die sich bewusst von der europäischen Kunst distanzierten. Sie suchten ihre Motive in der Heimat und schufen einen eigenen Stil, indem sie die weite Landschaft Kanadas malten.

Sieben dieser Maler gründeten 1913 in Toronto die *Group of Seven.* Aber auch andere Maler gehörten zum Umfeld der Gruppe. Unter anderem Emily Carr.

Emily Carr stammte aus Victoria auf Vancouver Island und ist dafür berühmt, dass sie das Leben der Ureinwohner auf Bildern dokumentierte.

Die *Group of Seven* löste sich 1931 auf. Als Nachfolger entstand 1933 die *Canadian Group of Painters,* die bis heute besteht.

Diese Gruppe zeitgenössischer Künstler sieht ihre Aufgabe für die Zukunft darin, in der *community,* der Gemeinschaft, eine Rolle zu spielen und den Menschen Kunst und Künstler näherzubringen. Sie möchte die Menschen dazu ermutigen, die Welt durch Kunst anders zu erfahren.

Ein Werk von Emily Carr auf einer kanadischen Briefmarke aus dem Jahr 1971

HALIFAX

Seeluft, Hafenmeile und *lobster rolls*

Halifax an der Ostküste war für viele Einwanderer die erste Station im neuen Land. Daher wird die Hauptstadt der Provinz Nova Scotia auch das »Ellis Island« Kanadas genannt.

Mitte August in Halifax. Das Klima ist angenehm, die Innenstadt ruhig, die Hafenzone belebt. Einwohner und Touristen nutzen das gute Wetter und flanieren auf der Lower Waterfront Street, der Uferpromenade von Halifax. Ein Gitarrist spielt und singt alte Songs. Es gibt Restaurants, Kioske und Stände mit *ice cream, beaver tails* und *lobster rolls.*

Lobster, Hummer, sind ganz eindeutig die regionale Spezialität. Eine *lobster roll* ist ein mit Hummerfleisch gefülltes Brötchen, warm aus der Hand gegessen.

Beaver tails, Biberschwänze, sind ein süßes Gebäck, das es in vielen Varianten gibt: mit Zimt und Zucker bestreut, mit Schokoladencreme und Smarties belegt. Jeder *beaver tail* wird frisch zubereitet, entsprechend lang ist die Schlange vor dem Kiosk.

Am Seaport, dem Kreuzschiffanleger, sind ein *Farmers' Market,* Souvenirshops und eine Brauerei. Wer will, entdeckt die Stadt in pinkfarbenen Doppelstockbussen oder lässt sich in einer langen Pferdekutsche durch die Stadt ziehen.

Wer mehr Zeit hat, kann das Canadian Museum of Immigration besichtigen. Das Museum ist im Gebäude Pier 21 untergebracht, dem Terminal, an dem die Immigranten per Schiff ankamen.

Zu besichtigen sind ein alter Eisenbahnwaggon, die Einrichtung auf den Schiffen und Stationen der Hilfsorganisationen, die den Menschen bei der Ankunft halfen. 1,5 Millionen Immigranten kamen einst durch den Pier 21 nach Kanada. Heute gibt es hier einen Raum, in dem Besucher nach ihren Vorfahren suchen können.

54

HANGING BASKETS

Blumenpracht in Hängeampeln

Geranien, Fuchsien und Wandelröschen in Blumenkörben schmücken die Innenstädte.

Es ist, als ob die Orte sich gegenseitig Konkurrenz machen wollen. Verständlich – mal abgesehen vom milden Südwesten ist der Winter in den meisten Gegenden in Kanada kalt und grau. Die Landschaft sieht über Wochen wie in einem wie ein Schwarz-Weiß-Film aus. Weit oben im Norden ist die Sonne sogar für Wochen unsichtbar. Und dann, endlich, wird es Frühjahr, die ersten Sonnenstrahlen wärmen und Krokusse erscheinen auf den Wiesen.

Jetzt geht es los. Vor den Supermärkten und in den Gartencentern werden Petunien, Clematis und Sonnenhut für die Vorgärten, Töpfe auf dem *deck* und Hängeampeln verkauft. Auf Seiten im Internet findet man Vorschläge für die Zusammenstellung der Blumen. Denn je geschickter man die Pflanzen zusammenstellt, desto üppiger wird die hängende Pracht.

Victoria, die Stadt mit dem mildesten Klima, ist besonders stolz auf ihre *hanging baskets.* Sie hat sogar eine Infoseite im Internet über ihre Pracht: 1.600 Hängeampeln gibt es *downtown,* ein Korb kann bis zu 20 kg schwer werden. Bewässert werden die Blumen jede Nacht durch städtische Wasserwagen. Viel Aufwand, der sich allerdings lohnt, denn Victorias *hanging baskets* sind mittlerweile berühmt.

Aber nicht nur in Victoria freut man sich über die *hanging baskets,* sondern überall in Kanada – nach der Farblosigkeit des Winters hebt die bunte Blumenpracht die Stimmung.

Hängeampeln in der Water Street, Vancouver

55

HIGHWAYS

Scenic drives mit Tempolimit

Eine kurvige Straße, auf der rechten Seite der Upper Campbell Lake und in der Ferne Berge – der Highway 28 auf Vancouver Island führt direkt in den Strathcona Provincial Park.

Aber Highways gehen auch anders. Der Highway 33 in Saskatchewan ist zum Beispiel schnurgerade, die ganzen 143 Kilometer von Stoughton nach Regina.

Es gibt viel, was das Fahren auf den kanadischen Highways angenehm macht. Unter anderem das Tempolimit von 80 bis 110 Stundenkilometer. Außerdem ist der Verkehr meistens defensiv, in abgelegenen Gegenden begegnet man selten anderen Autos.

Einige kanadische Highways sind weltberühmt für ihren *scenic drive,* die Fahrt durch eine tolle Landschaft. Der knapp 300 Kilometer lange Cabot Trail Highway am Cape Breton in Nova Scotia zum Beispiel. Und natürlich der berühmte Icefields Parkway in Alberta, der 230 Kilometer durch die Rocky Mountains führt, von Lake Louise nach Jasper.

Alle Highways haben Nummern, einige auch Namen. So wie der Alaska Highway, der in Dawson Creek in BC beginnt und in Delta Junction in Alaska endet: fast 3.000 Kilometer durch wenig besiedelte Gebiete und tolle Landschaften.

Der längste Highway ist der Trans-Canada Highway mit 7.821 Kilometern. Er führt von Osten nach Westen durch ganz Kanada und verbindet alle zehn Provinzen.

Der Highway 28 auf Vancouver Island ist nur 87,5 Kilometer lang und wohl eher unbekannt. Aber bei Motorradfahrern wegen der Kurven sehr beliebt.

56

HINWEISSCHILDER

Slippery when wet

***»This is NOT a Garbage can. There is one across the street.« –* »Dies ist keine Mülltonne. Es gibt eine auf der anderen Straßenseite.«**

Durch die Aufschrift auf diesem Briefkasten erfährt man nicht nur, um was es sich handelt. Sondern auch, um was es sich nicht handelt. Und direkt auch noch, wo man das verwechselte Objekt stattdessen findet.

Das ist ein extremes Beispiel für die vielen Beschilderungen, Hinweise, Aufforderungen oder Verbote, die man überall in Kanada auf Schildern findet.

Erklärungen zu der Geschichte am Rande des Highways. Hinweise darauf, was nicht in die Mülltonne darf, wie zum Beispiel Fischabfälle. Sogar das Verhalten beim Zusammentreffen mit einem Bären oder Berglöwen wird auf Schildern erklärt. Wenn der Bär vor einem steht, ist es wohl zu spät, das Schild zu lesen. Aber keiner kann sagen, er wäre nicht gewarnt gewesen.

Und *Stop!* Das rote Schild mit dem kurzen Wort findet man selbst weit draußen auf Waldwegen. Damit auch dort die Vorfahrt geregelt ist. Am *trail* steht das Schild *»Trail«*. Im Nationalpark weist ein Schild auf Wildtiere hin. Vieles sind Selbstverständlichkeiten, hingewiesen wird darauf trotzdem. So wie bei *»Slippery when wet«* – »Rutschig bei Nässe«. Sicher ist sicher.

Please
PUNCTURE BELLIES
AND BLADDERS
BEFORE DISPOSING
OF FISH
STOP
ALL FISH
WASTE
GOES IN
BUCKET

SLOW DOWN
RALENTISSE
30 km/h

WARNING
ROAD DEACTIVATED
regular, hazardous road surface
head. Drive with extreme cautic

RESIDENTS & VISITORS
ARE REMINDED THAT
THE DISCHARGE OF
FIREARMS WITHIN THE
VILLAGE BOUNDARIES
IS PROHIBITED.
VILLAGE OF TAHSIS BYLAW #308

HOLLYWOOD NORTH

Filmland Kanada

Am Straßenrand parken Oldtimer. Zwei Frauen in Fünfziger-Jahre-Kleidung überqueren die abgesperrte Straße. Ein paar Filmleute versuchen, die neugierigen Passanten hinter der Absperrung zu halten.

Eine alltägliche Szene in der Filmstadt Toronto. Die Liste der in Toronto gedrehten Filme ist lang, darunter sind Blockbuster wie *Total Recall, Hairspray* und *My big fat Greek Wedding* – Hochzeit auf Griechisch. Toronto bietet sich für nordamerikanische Filme an, weil die Stadt Ähnlichkeit mit Chicago, Washington, D.C. und New York hat. Hinzu kommt, dass Filmen in Kanada günstiger ist als in den USA, bedingt durch Steuererleichterungen, geringere Lohnkosten und den Wechselkurs von US- zu kanadischem Dollar.

Auch in anderen kanadischen Städten wie zum Beispiel Vancouver

und Umgebung wird viel gedreht. So wurden der zweite und dritte Teil der *Twilight*-Saga teilweise in Vancouver und auf Vancouver Island gedreht.

Aber Kanada hat natürlich auch eine eigene Filmindustrie, die von staatlicher Seite sogar gut gefördert wird. Bedingung ist, dass hauptsächlich kanadische Autoren und Künstler an dem Film mitwirken.

In ganz Kanada gibt es außerdem viele Filmfestivals. Die Provinz Ontario hat eindeutig die meisten. Und von diesen ist das jedes Jahr stattfindende Toronto International Film Festival (TIFF) mit rund 200 gezeigten Filmen das bekannteste.

In der Stadt Toronto ist das Thema »Film« sowieso das ganze Jahr präsent, zum einen natürlich durch das TIFF und zum anderen durch abgesperrte Straßenabschnitte, wenn gerade wieder mal ein Film gedreht wird.

Deadpool-Drehort, Georgia Street Viaduct, Vancouver
© Andrea David / Fox; entnommen aus dem Reisebildband *Szene für Szene die Welt entdecken*

HOLZ
Kanadas wichtiger Rohstoff

Als sich die europäischen Siedler im 18. und 19. Jahrhundert in Kanada niederließen, erschienen ihnen die Wälder des riesigen Landes unerschöpflich.

Mit der Ankunft der ersten Siedler begann das Abholzen der Wälder. Im 20. Jahrhundert wurden in abgelegenen Gegenden von Holzfirmen Sägewerke und Siedlungen für die Arbeiter errichtet. Für die Zuwanderer aus Europa gab es hier gute Arbeitsbedingungen und hohe Löhne.

So verschwanden die Wälder rund um diese Ansiedlungen. *Clearcutting,* Kahlschlag, nennt man das Verfahren, mit dem ganze Flächen abgeholzt werden. Ökologische Bedenken kamen erst später. Kritiker sind der Ansicht, dass der Kahlschlag zu Bodenerosion führt, und letzten Endes auf diese Weise zum Klimawandel beiträgt. Diese Kritiker, die Umweltschützer, wurden lange Zeit abfällig als *tree hugger* bezeichnet (*to hug* – umarmen).

Aber die Zeiten haben sich geändert. Das Bewusstsein für die Bedeutung der Wälder für das Klima ist gewachsen. So gibt es in Kanada heutzutage strenge Regelungen für die Holzwirtschaft, Aufforstung ist mittlerweile selbstverständlich. Für jeden gefällten Baum müssen drei Setzlinge gepflanzt werden, damit auf jeden Fall einer überlebt (siehe Seite 28).

Kanada ist immer noch zu 42 % mit Wald bedeckt und stellt insgesamt 10 % der gesamten Waldfläche der Welt. Aber heute weiß man, dass die unendlich erscheinenden Wälder Kanadas endlich sind und deren Erhalt für das Klima entscheidend ist.

Holzlager im Wasser, Nootka Island

HOLZSCHNITZEN

Mit Schnitzmesser und Kettensäge

Das Holzschnitzen gehört zu den ältesten Handwerkskünsten der Welt. Auch bei den Ureinwohnern Kanadas.

Den Lärm einer Kettensäge verbindet man nicht unbedingt mit Kunst. Aber genau so entstehen *chainsaw carvings,* die Kettensägeschnitzereien, wie sie zum Beispiel in Gold River zu besichtigen sind. In diesem Ort auf Vancouver Island findet ein jährlicher Wettbewerb zu dieser Kunstform statt.

Viele Orte in Kanada richten *wood carving competitions* aus.

»Für die First Nations und die Inuit war und ist das Schnitzen wichtig. Durch das Schnitzen wurden Geschichten und Geschichte von Generation zu Generation weitergegeben. Und es trug zum Status bei – je besser die Arbeit, desto höher der Status«, sagt der kanadische Edelsteingraveur und Schnitzer Chris Dobranski über das Holzschnitzen. Außerdem verbanden Holzarbeiten wie Totems, Masken und verzierte Paddel Kunsthandwerk und spirituelle Rituale (siehe Seite 238 und siehe Seite 144).

Heute gehören Skulpturen aus Holz in vielen Orten zum Straßenbild und sind eine Touristenattraktion. So wie in Campbell River an der Ostküste von Vancouver Island: Ein grimmiger Bär auf einem Baumstamm, zwei Adler und ein Holzfäller mit Säge machen die Uferpromenade zu einer Freiluft-Galerie.

Schnitzarbeit in Gold River, BC

HUDSON'S BAY COMPANY

Das älteste eingetragene Unternehmen Kanadas

Was hat die englische Hutmode mit der Gründung Kanadas zu tun? Sehr viel!

Im 17. und 18. Jahrhundert waren in London steife Herrenhüte aus Biberfilz in Mode, die Kastorhüte. Zu ihrer Herstellung brauchte man selbstredend Biberpelz, und im Nordosten Kanada gab es eine scheinbar unerschöpfliche Quelle an Biberfellen.

So gab der englische König Karl II. 1670 der neugegründeten Unternehmung Hudson's Bay Company (HBC) die Rechte am Handel mit den Ureinwohnern im Gebiet der Hudson Bay, dem riesigen Randmeer im Nordosten Kanadas. Es entstand ein florierendes Geschäft, Handelsposten wurden angelegt. Und aus diesen Handelsposten der HBC entstanden Festungen, Siedlungen und später sogar Städte.

Besonders beliebt bei den Ureinwohnern waren die *blankets* der Hudson's Bay Company als Tauschware für Biberfelle. Es handelte sich um cremefarbene Decken mit dicken einfarbigen Streifen in grün, rot, gelb und blau. Diese Decken ließen sich nämlich viel leichter als Bisonfelle zu Mänteln verarbeiten und wärmten sehr gut.

Als sich die ersten kanadischen Provinzen zur Dominion of Canada zusammenschlossen und somit Kanada gründeten, kauften sie das große Gebiet, das der HBC gehörte. Das Gebiet mit dem Namen »Rupert's Land« machte ein Drittel der Landfläche des heutigen Kanadas aus.

Es gibt diese Decken übrigens heute noch in den Kaufhäusern der Hudson's Bay. Diese Kaufhäuser, genannt The Bay oder Le Baie, sind der sichtbare Teil des Konzerns, der mittlerweile ein internationales Großunternehmen ist.

HUNDE

Von *dog day care* bis *crunchy treats*

Hunde sind in Kanada beliebt, 35 Prozent der Kanadier haben einen Hund.

Man kommt im Alltag kaum daran vorbei – auf der Straße, im Gespräch, im Laden: Hunde sind in Kanada beliebt. Es gibt *dog friendly beaches* im ganzen Land. Das heißt, Strände, an denen Hunde nicht nur erlaubt sind, sondern auch frei laufen dürfen.

Die Versorgung mit Hundefutter ist nirgendwo ein Problem. Und in jedem Supermarkt gibt es Leckerlis wie Kekse und *crunchy treats.* Alleinstehende, die in einer Stadt wohnen und tagsüber außer Haus arbeiten, können ihren Liebling in einer *dog day care* betreuen lassen, einer Art Kindergarten für Hunde.

Wer nicht dazu kommt, seinen Hund selbst auszuführen, kann jemanden dafür bezahlen, dass er mit dem Hund spazieren geht. *Pet sitting* und *dog walking* sind beliebte Schülerjobs.

Nur im Restaurant wird es schwierig. Hunde sind nur in einigen Restaurants zugelassen, oft nur draußen auf dem Patio. Ausgenommen natürlich *service dogs,* Begleithunde aus gesundheitlichen Gründen.

Wer seinen Hund mit auf ein Boot nehmen will, findet sogar Schwimmwesten für Hunde im Handel. Es gibt sie in allen Größen, auch im Mini-Format passend für Chihuahuas.

Laut der Webseite *Best on Life* steht Kanada auf Platz vier der hundefreundlichsten Länder der Welt.

IMMIGRANTEN

Ethno-kulturelle Vielfalt – das kanadische Mosaik

Es ist nicht einfach, in das Land zu kommen, aber wer einmal dort lebt, fühlt sich meistens sehr wohl.

Nach Kanada kommen Menschen aus der ganzen Welt. Viele zogen dorthin, wo schon Landsleute wohnten und so entstanden ganze Viertel bestimmter Nationen. *Piccola Italia,* das Little Italy in Montreal. *Portugal Village* oder *Little Portugal* in Toronto. *Chinatowns* in vielen Städten.

Der Zensus von 2016 zeigt, dass fast die Hälfte der Einwohner von Toronto nicht in Kanada geboren wurde. Kanada ist ein klassisches Einwanderungsland, in Halifax gibt es sogar ein Museum zur Immigration, das Canadian Museum of Immigration am Pier 21 (siehe Seite 96).

Durch die Vielfalt der Kulturen ist eine internationale Gesellschaft entstanden, was sich besonders in den Großstädten zeigt (siehe Seite 236). Von Klassik bis *Kitchen Dance,* von Burrito bis Sushi, von Mandarin bis Portugiesisch findet man in Kanada alles. Die Einwanderer aus aller Welt bereichern das Land durch kulturelle Veranstaltungen und internationale Gastronomie.

Und da die Nation Kanada kein Schmelztiegel sein möchte, sondern sich als Mosaik versteht, kann jeder seine eigene Kultur behalten und trotzdem in der neuen Heimat glücklich werden.

Canadian Museum of Immigration,
Pier 21, Halifax

INSELN

Orte, an denen die Uhren langsamer laufen

Der Nebel lichtet sich, gibt den Blick auf das Wasser frei. Jetzt sieht man das Meer, die Boote. In einem der hölzernen *outlooks* an der Uferpromenade sitzt bewegungslos ein Mädchen.

Es gibt nicht viel, was ein junges Mädchen in Alert Bay in den Schulferien machen kann. Alert Bay, der einzige Ort auf Cormorant Island, hat 500 Einwohner. Die nächste Stadt, Port McNeill, hat selbst gerade mal etwas über 2.000 Einwohner und ist eine Dreiviertelstunde Fährfahrt entfernt. Und auch Port McNeill liegt auf einer Insel, nämlich auf Vancouver Island.

Vancouver Island hat um die 750.000 Einwohner, an der Südspitze liegt Victoria, die Hauptstadt von British Columbia. Aber selbst auf dieser großen Insel ist das Leben insgesamt gemächlicher als auf dem Festland.

Niemand weiß genau, wie viele Inseln Kanada insgesamt hat. Die

felsigen Küsten sind so zerklüftet, dass es unendlich viele kleine, unbekannte Inseln gibt.

Im Jasper National Park gibt es allerdings eine kleine Insel, die weltberühmt geworden ist: Spirit Island im Maligne Lake. Diese Insel wurde 1960 durch ein Werbefoto von Kodak berühmt (siehe Seite 220). Und die große Prince Edward Island im Osten Kanadas ist sogar eine eigenständige Provinz.

Ob groß oder klein, das Leben auf den Inseln ist geprägt vom Wetter, vom Wind, vom Meer. Der Fischfang spielt immer noch eine Rolle – die Lachse im Westen, die Hummer im Osten. Und heutzutage natürlich auch der Tourismus.

Wovon träumt das junge Mädchen, das so bewegungslos im *outlook* sitzt und zusieht, wie sich die Nebel lichten? Die Fischfabrik in Alert Bay ist stillgelegt. Es gibt jetzt etwas Tourismus. Aber wird sie auf der Insel Arbeit finden und bleiben können?

Alert Bay,
Cormorant Island

INUKSHUK
Wegweiser aus Stein

Ein *Inukshuk* oder *Inuksut* ist ein Wegweiser aus Stein. Diese wurden seit Urzeiten von den Inuit und ihren Vorfahren errichtet und werden auch heute noch aufgestellt.

Am Ortseingang von Whistler steht ein großer *Inukshuk*, da die Figur das Symbol für die Olympischen Winterspiele 2010 in Vancouver war. Ein *Inukshuk* ist auch auf der 1999 eingeführten Flagge des Territoriums Nunavut zu sehen.

Inuksuit, so lautet der Plural von *Inukshut*, ist ein Wort in Inuktitut, der Sprache der Ureinwohner von Nunavut. Seit 2008 ist Inuktitut eine offizielle Sprache in Nunavut, was bedeutet, dass die Einwohner dieser Provinz sich in dieser Sprache auch auf Behörden und in Krankenhäusern verständigen können.

Ein *Inukshuk* ist traditionell eine Markierung in der Landschaft, ein Wegweiser, eine Warnung, ein Erinnerungszeichen – ein Schriftzeichen. Einmal errichtet, bleibt ein *Inukshuk* für immer stehen, denn die Tradition der Inuit verbietet die Zerstörung.

Eigentlich bedeutet *Inukshuk* »Gleich einem Menschen«. Und in der Tat ähneln die Skulpturen aus Felsbrocken oder Steinen menschlichen Figuren.

Heute werden *Inuksuit* in allen möglichen Ausführungen und unendlicher Anzahl vor allen Dingen in Souvenirshops angeboten: aus Jade und Stein, als Kühlschrankmagnet, Postkarte, Schlüsselanhänger. Und manchmal sieht man auch einen *Inukshuk* in der Landschaft, von Unbekannten dort aufgestellt.

Inukshuk im Zentrum von Quebec

JADE
Schmuckstein, Mythos, Exportartikel

»Jade is the stone of the Earth – very beautiful and very functional.« –
»Jade ist der Stein der Erde – sehr schön und sehr funktional.«

Chris Dobranski, Edelsteingraveur

Ob milchig hellgrün oder smaragdgrün – Jade ist ein begehrter Schmuckstein. Das Mineral aus Nephrit oder Jadeit kommt in allen Grünschattierungen vor. Die größten Vorkommen in Kanada liegen in BC. Dort wurden sie 1886 von chinesischen Arbeitern entdeckt. Die weißen Goldsucher hatten dem grünen Stein keine Bedeutung geschenkt, da sie nur auf der Suche nach Gold waren. In China dagegen wird Jade seit 8.000 Jahren geschätzt.

Die Chinesen waren durch den *gold rush* und den Eisenbahnbau nach Kanada gekommen. Viele blieben nach Beendigung des Eisenbahnbaus im Land, da sie kein Geld für die Rückkehr hatten. Sie eröffneten Waschsalons, Restaurants oder arbeiteten als Köche (siehe Seite 52).

Heute ist Jade zusammen mit anderen Mineralien ein gefragter Exportartikel und China ein wichtiger Abnehmer. In der chinesischen Kultur steht der Stein für Glück, gute Gesundheit und ein langes Leben. Er ist daher sehr begehrt, nicht nur als Schmuckstein. Jade wird auch als Baumaterial im Haus verwendet, für Türknöpfe, Spülen und natürlich Skulpturen. So wie die kleine Figur »Dreamspeaker«, mit der Chris Dobranski 2011 den ersten Preis auf dem World Jade Symposium gewann.

Jade City am Cassiar Highway, BC

66

KAFFEE

Kanadas beliebtestes Getränk

Die Coffee Association of Canada hält Kaffee für das am meisten getrunkene Getränk in Kanada.

In Kanada gehört Kaffee einfach dazu. Und zwar nicht der kleine Espresso, sondern der große Becher Filterkaffee, und den am besten mit *refill,* also mit Nachfüllung. Zum Essen wird gerne Kaffee getrunken, ausgeschenkt aus einer großen Kanne, nachgeschenkt wird in vielen Restaurants oder *diners* kostenfrei.

Die berühmte kanadische Schnellrestaurant-Kette Tim Hortons wurde Spezialist für Kaffee und Donuts – und Kaffee ist dort auch heute noch das beliebteste Getränk. Man kann ihn nicht nur trinken, sondern die Hausmarke auch zum Mitnehmen kaufen.

Denn Kanadier trinken ihren Kaffee nicht nur in Restaurants und *coffee shops,* sondern natürlich auch zu Hause. Das ideale Getränk bei kaltem Wetter und während der langen Winter.

Laut Statistik trinken die Kanadier 6,5 Kilogramm Kaffee pro Kopf und Jahr. Damit liegen sie weltweit auf Platz 9 der Kaffeetrinker (Schweiz: 7,9 kg, Österreich: 6,1 kg und Deutschland: 5.5 kg).

Für den Kaffee unterwegs besitzt ein Kanadier einen Thermobecher, den er vor allen Dingen auf lange Autofahrten mitnimmt. Das Land ist riesig, die Strecken lang, die Tankstellen und Raststätten liegen in wenig besiedelten Gebieten ein paar Stunden Fahrt auseinander. Das ist es besser, wenn man seinen Kaffee dabei hat.

Welcher der beste Kaffee ist? Das ist Geschmackssache. Im Supermarkt gibt es reichlich Auswahl. Und in einigen Supermärkten kann man die Bohnen abfüllen und an Ort und Stelle mahlen. Und sich so seine eigene Mischung für das beliebteste Getränk Kanadas zusammenstellen.

granoro
Caffarel
LIMONCELLO
LE REGAL DE LA SAUNIERE
AROY-D
COCONUT MILK
LAIT DE COCO

67

KANUS & KAJAKS

Sport, Freizeit, Abenteuer

Ob Kajak oder Kanu: Das Boot gleitet durch das Wasser; und nichts unterbricht die Stille bis auf das Plätschern, wenn das Paddel in das Wasser eintaucht.

Wem das zu langweilig ist, der kann Wildwasser-Rafting buchen. So wie zum Beispiel an den Rearguard Falls des Fraser River in Nord-BC. Die Kajakfahrer werden vom hohen Felsufer in den Fluss gesetzt und auf die rasante Fahrt durch die Stromschnellen geschickt.

Ein Kanu oder Kajak eignet sich perfekt, um die Wildnis abseits der ausgetretenen Pfade zu erkunden. Beispiel: Paddler mit Kajak oder Kanu gelangen an Bord des Versorgungsschiffes Uchuck III von Gold River (Vancouver Island) aus in den Nootka Sound und werden dort zu Wasser gelassen.

Möglichkeiten für Wildnistouren gibt es in Kanada viele. Das Land ist mit seiner langen Küstenlinie, den Millionen von Seen und den vielen Flüssen einfach perfekt zum Kanu- und Kajakfahren.

Schon die Ureinwohner nutzten die Kanus als Transportmittel. Sie stellten ihre Kanus aus Birkenrinde her, die sie auf einen Rahmen aus Zedernholz zogen. Als der Pelzhandel im Osten Kanadas begann, nutzten die *voyageure,* die französischen Pelzhändler, diese Art Kanus, um die von den Ureinwohnern erworbenen Pelze zu transportieren.

Später wurden Kanus aus Holz oder Aluminium hergestellt, heute sind die meisten aus Kunststoff. Gleich geblieben ist die Form – ein langes schmales Boot mit zwei Spitzen, das durch Paddel bewegt wird.

Ein Kajakfahrer wird vom Versorgungsschiff Uchuck III zu Wasser gelassen, Nootka Sound, Vancouver Island

68

KIRCHE

Vielfalt der Religionen

Das Leben in einem neuen Land ist eine Herausforderung. Die europäischen Siedler fanden in der Kirche Beistand, Hoffnung und Gemeinschaft. Aber wie sieht es heute aus?

»*Gone by 2040?*«, lautete Anfang 2020 die Überschrift in einem Artikel des *Anglican Journal*, denn seit ein paar Jahren nehmen die Kirchgänger dramatisch ab. Und überall in Kanada sind Kirchengebäude von Schließungen bedroht.

In der Vergangenheit brachten die Europäer ihre Religionen mit. Für sie hatte die Kirche eine wichtige soziale Funktion. Die Hutterer, die Mennoniten und die Amish kamen sogar aus religiösen Gründen nach Kanada, weil sie ihre Religion in der alten Heimat nicht frei ausleben konnten.

Sie leben bis heute in eigenen streng religiösen Gemeinschaften nach ihren Geboten.

Die Mehrheit der Kanadier ist römisch-katholisch, protestantisch oder atheistisch. Aber mittlerweile ist jede der großen Weltreligionen in Kanada vertreten, denn auch die heutigen Immigranten bringen ihre Religionen mit.

Bereits bevor die Europäer kamen, gab es in Kanada verschiedene Religionen. Die Ureinwohner hatten einen von Animismus und Schamanismus geprägten Glauben, in dem Geister und Natur eine wichtige Rolle spielten.

Die Europäer versuchten, diesen Glauben zu unterdrücken, besonders durch die Einführung von *residential schools*. In diesen Internaten wurden die Kinder zwangsbeschult, um sie zu »zivilisieren«. Ihre Muttersprache wurde verboten, ihre Kultur wurde unterdrückt. So entstand an manchen Orten eine Mischform aus indigenem und christlichem Glauben.

Kirche in Kitwanga, BC

KITSCH

Keine Angst vor Kitsch

Canada Day, Halloween, Weihnachten – es gibt so einige Anlässe zum Dekorieren. Und wenn dekoriert wird, darf die Kanada-Flagge nicht fehlen.

Am 1. Juli ist Canada Day. Ein guter Anlass für (fast) alle Kanadier (fast) alles mit der kanadischen Flagge zu dekorieren oder doch wenigsten in Rot-weiß zu tauchen. Der Canada Day wird oft in der Natur verbracht, dann wird alles – vom Campingbecher bis zum Campingstuhl – mit der Flagge dekoriert. Eine solche kann man in vielen Läden erstehen, eine mittelgroße zum Befestigen am Auto gibt es schon für fünf Dollar.

Die nächste große landesweite Deko-Aktion findet an Halloween statt. Überall werden jetzt Kürbisse aufgestellt, zusätzlich Fenster und Türen mit Spinnen, Skeletten und Köpfen ohne Körper dekoriert.

Im Dezember ist dann endlich Weihnachten. Jetzt geht es so richtig los. Ganze Häuser werden in Lichterketten gekleidet. Rentiere und Nikoläuse werden in Vorgärten gestellt und jede Nacht beleuchtet. Künstliche Weihnachtsbäume blinken. Und irgendwie wird es von allen als normal empfunden, wenn erwachsene Menschen in Weihnachtspullovern auf eine Weihnachtsparty gehen.

Es blinkt, es glitzert, es leuchtet. Und alle finden es gut.

Das deutsche Wort Kitsch wird auch in Kanada benutzt. Wenn man »*Canadian kitsch*« in eine Suchmaschine eingibt, findet man viele Anbieter für alles, was man für oben genannte Anlässe braucht. In Rot-weiß und mit Flagge für den Canada Day. In Orange-schwarz und gruselig für Halloween, und in Rot-grün-weiß mit Weihnachtsmann und Rentieren für Weihnachten.

KRISTALLE

Heilende Steine

Jeder Buchladen hat eine Esoterikabteilung. Und jede Stadt mindestens einen Laden, in dem Kristalle, Pendel und Tarotkarten angeboten werden.

Gibt es Zeichen? Können Steine heilen? Haben *crystals* eine besondere Energie? Vier von zehn Kanadiern halten sich für spirituell, aber nicht religiös. Spiritualität ist besonders unter den *millennials* verbreitet, der Generation Y, die in den 80er- und 90er-Jahren geboren wurde.

Dementsprechend groß ist das Angebot an entsprechenden Läden. Selbst in kleinen Städten findet man Geschäfte, die Halbedelsteine, Pendel, Kerzen und Bücher zu Themen wie Meditation, Lebenssinn und Hellsehen verkaufen. Oft gibt es dort auch Angebote für ein *reading*, eine Beratung, zum Beispiel durch das Legen von Tarotkarten.

Selbst die Werbung nutzt das Interesse am Übersinnlichen mit dem Slogan: *»If you are looking for a sign, this is it.«* – »Wenn du auf ein Zeichen wartest, das ist es.« So werben Plakate für Geschenke, Schmuck und andere Dinge.

Und wer in den Läden nicht findet, was er sucht, kann eine der vielen *gem shows* besuchen. Auf diesen Verkaufsmessen für Halbedelsteine, die es im ganzen Land gibt, findet jede(r) den passenden Stein oder *crystal*.

Kristalle vor der Verarbeitung

LACHS & LOX

Der König der Fische

Wohl jeder Angler träumt davon, einmal in seinem Leben einen Lachs angeln. In Kanada kann er sich seinen Traum erfüllen, am besten irgendwo an der Westküste.

Campbell River nennt sich »*Salmon Capital of the World*«. Ob das stimmt, ist fraglich, aber auf jeden Fall wirbt die Stadt an der Ostküste von Vancouver Island damit. In der Tat ziehen die Lachse jedes Jahr hier in der Strait of Georgia zwischen Vancouver Island und Festland vorbei. Und so kann auf dem Discovery Pier jeder sein Lachs-Angelglück versuchen.

Lachse gehören zu Kanada wie Bären, Ahornsirup und Wildnis.

Für die Ureinwohner war der Lachs eine wichtige Lebensgrundlage sowie ein häufiges Symbol auf Totems und in der Kunst. Mit der Ankunft der Siedler wurde diese Lebensgrundlage zerstört. Der Lachs wurde und wird kommerziell gefischt und verarbeitet. Kanada gehört zu den weltweit größten Produzenten und Exporteuren von Lachs, in den Küstenprovinzen sind über die Jahre viele Zuchtstationen entstanden. Aber das rote Fleisch eines frisch gefangenen Chinook, Sockeye, Pink, Coho oder Chum ist natürlich erheblich schmackhafter.

Kein Wunder, dass Angler aus aller Welt in der Lachssaison ihr Angelglück versuchen, auch wenn ein selbst gefangener Lachs um einiges teurer ist als ein gekaufter. Alleine die Miete für ein Boot und einen *fishing guide,* also einen Angelexperten als Begleitung, kann über tausend Dollar pro Tag kosten!

Im Supermarkt wird nicht nur Lachs, sondern auch *lox* angeboten. *Lox* ist eigentlich die in einer Salz-Zucker-Lösung gepökelte Bauchpartie des Lachses, aber heute wird der Begriff oft einfach als Bezeichnung für geräucherten Lachs verwendet.

Lachsfang in der Westview Marina, Tahsis, Vancouver Island

Der frisch gefangene Wildlachs wird filetiert

72

LAKES

Das Land der zwei Millionen Seen

Kanada hat mehr Seen hat als alle anderen Länder der Welt zusammen.

Der Superior Lake, der größte See in Kanada, ist fast so groß wie Österreich. Allerdings teilt sich Kanada diesen See mit den USA. Genauso wie den zweitgrößten See, den Huron Lake.

Diese beiden Seen liegen in Ontario. Die beiden größten Seen, die komplett in Kanada liegen, sind der Great Bear Lake und der Great Slave Lake in den Northwest Territories.

Zwei Millionen Seen in ganz Kanada, da sind 60 Prozent aller Seen der Welt. Kein Wunder, dass die Seen für Kanadier eine große Rolle spielen. Zum Angeln, Kanu- und Kajakfahren. Als Ort für das Wochenendhaus. Und als privilegierter Wohnort.

Waterfront ist bei *real estate*, bei den Immobilien, immer ein wichtiges Kriterium. Wobei *waterfront* nicht nur die Lage am See bezeichnet, sondern auch am Atlantik, Pazifik, an Flüssen oder Fjorden.

Am bekanntesten sind natürlich die Gletscherseen mit der intensiven türkisblauen Farbe. Der Star unter den bekanntesten ist der Lake Louise im Banff National Park.

Er wird im Sommer am Tag von 15.000 Touristen besucht, die sich dann vorne am Ufer drängeln (siehe Seite 240).

Ebenfalls weltweit bekannt ist der Maligne Lake nahe Jasper (Alberta), hauptsächlich wegen der häufig fotografierten Insel am Seeende (siehe Seite 220).

Aber es gibt auch die kleinen Seen, an denen man noch in stiller Natur Kanu fahren und angeln kann. Und je weiter nördlich man kommt, desto weniger wird man auf andere Touristen treffen.

Moraine Lake, Banff Nationalpark, Alberta

LEUCHTTÜRME

Canadian Icons

Rund 750 Leuchttürme gibt es in Kanada; kein Wunder bei dem Land mit der längsten Küstenlinie der Welt.

Der rot-weiße Blockhouse Point Lighthouse im Hafen von Charlottetown liegt mitten im Grünen und ist ein Ausflugspunkt. Er ist ein *PEI icon,* ein Wahrzeichen der Prince-Edward-Insel.

Die Leuchttürme an Kanadas Küsten sind vielerorts Wahrzeichen, viele sind heute als *heritage* anerkannt, als wichtiges historisches Erbe.

Laut der staatlichen Behörde Fisheries and Oceans Canada sind noch 51 Leuchttürme mit Leuchtturmwärtern besetzt, hauptsächlich an den Küsten von Newfoundland and Labrador und British Columbia.

So wie zum Beispiel die Leuchttürme am Estevan Point und in Yuquot an der Westküste von Vancouver Island, die zu abgelegen liegen, um sie bei Ausfällen schnell genug von außerhalb zu erreichen.

Der Zugang zum Leuchtturm in Yuquot ist mühsam: Erst geht es über Steine, Felsen und Treibholz, dann kommt man an eine Treppe. Der Turm wird von einem Paar betrieben, sie sind die einzigen ständigen Einwohner des ehemaligen Dorfes. Seit 15 Jahren betreuen sie Leuchttürme, seit 12 Jahren wohnen sie auf Nootka Island, das man nur per Flugzeug oder Boot erreichen kann. Ein Wohnort in einer traumhaften Landschaft, abgeschieden von der Hektik der modernen Welt. Ein Zuhause in einer *historic site,* einem historischen Monument.

Fisgard Lighthouse,
Colwood, Vancouver Island

74

LGBT

Lesbian, gay, bisexual, transgender

Selbst auf dem Parliament Hill in Ottawa wird mittlerweile die *rainbow flag* gehisst.

Die Regenbogenfahne steht für Toleranz und besonders für die Anerkennung der Rechte von Lesben, Schwulen, Bisexuellen und Transgender. Und manchmal ersetzen die bunten Streifen des Regenbogens sogar einen Zebrastreifen.

In Kanada ist Homosexualität seit 1969 entkriminalisiert, gleichgeschlechtliche Ehen sind seit 2005 möglich. Die Zentren der Bewegung liegen in den großen Städten wie Toronto, Montreal, Ottawa und Vancouver, wo es bestimmte LGBT-geprägte Viertel gibt, wie zum Beispiel das Church-Wellesley Village in Toronto.

Der Juni ist *Pride Month* in ganz Kanada und wird in vielen Städten mit *Pride Parades* und Festlichkeiten gefeiert.

Nicht jeder ist damit einverstanden. So wurde Premier Justin Trudeau dafür kritisiert, dass er auf einer Veranstaltung eine Kanadaflagge schwenkte, die an den Seiten die Regenbogenfarbe hatte. Und in kleineren, konservativeren Orten kann es vorkommen, dass schwarze Bremsspuren die Farben des Regenbogens zerstören.

Aber insgesamt gehört Kanada in der LGTB-Frage zu den offenen und fortschrittlichen Nationen. Manchmal zeigt es sich bis ins kleinste Detail, so wie zum Beispiel an den öffentlichen Toiletten, die unisex sind oder an denen *»gender diverse people welcome«* steht, ein Hinweis darauf, dass Personen jeden Geschlechts willkommen sind.

Fußgängerüberweg
in Ontario

LITERATUR
Geschichten vieler Völker

Was gehört zur kanadischen Literatur? Die Bücher der Europäer, der First Nations, der Inuit, der Immigranten?

Einige kanadische Schriftsteller sind schon jetzt weltbekannt. Alice Munro ist laut Wikipedia *»the best living writer of short stories in English«*, die beste lebende Schriftstellerin für englische Kurzgeschichten. Für diese Kurzgeschichten wurde sie 2013 mit dem Nobelpreis für Literatur ausgezeichnet.

Auch Margaret Atwood ist weltweit bekannt, sie bekam 2017 den Friedenspreis des Deutschen Buchhandels; ihr Roman *Der Report der Magd* wurde in den USA als Serie für das Fernsehen verfilmt, die auch auf Deutsch verfügbar ist.

Weitere bekannte Schriftsteller sind Michael Ondaatje, der Autor von *Der englische Patient,* und Yann Martel, der Autor von *Schiffbruch mit Tiger.*

Anne of Green Gables von Lucy Maud Montgomery wurde mittlerweile mehrmals verfilmt und gehört in Japan sogar zur Schullektüre (siehe Seite 20). Leonard Cohen war nicht nur ein weltbekannter Sänger, sondern auch ein Dichter und zählt somit zu den kanadischen Autoren.

Die kanadische Literatur ist so vielfältig wie die Wurzeln der Schriftsteller, die in Kanada leben. Kanada ist stolz auf seine Gesellschaft, die sich aus vielen Kulturen und Nationen zusammensetzt. Aber noch sind die Autoren mit indigenem Hintergrund im Ausland wenig bekannt.

Die kanadische Buchhandlung Chapters versucht mit Buchempfehlungen wie *Indigenous Voices* (Stimmen der Ureinwohner) diese Autoren bei den Lesern bekannt zu machen. Einer der Autoren ist Thomas King, der zwar in den USA geboren wurde, aber in Kanada lebt und als kanadischer Schriftsteller gilt. Er lehrt an der Universität von Guelph in Ontario »Indianisches Schreiben«, seine Bücher sind preisgekrönt, sein neuester Roman *Indians on Vacation* war 22 Wochen lang Bestseller in Kanada. Vom ihm stammt auch der Erfolgsroman *The Inconvenient Indian,* der unbequeme Indianer. Das erste Kapitel heißt: »Forget Columbus«.

LEONARD COHEN
everybody knows
$25
Heather's Pick
THE WEIGHT OF BLOOD
LAURA McHUGH
A HOUSE IN THE SKY
AMANDA LINDHOUT & SARA CORBETT
$15
wild
Cheryl Stray
We Are Not Ourselves
Matthew Thomas
spotlight
THE BACK OF THE TURTLE
A NOVEL
THOMAS KING
ALL THE LIGHT WE CANNOT SEE
ANTHONY DOERR
BRAIN ON FIRE
SUSANNAH CAHALAN
The Pol Family T
$20
Mr. Hockey
Gordie Howe
Foreword by Bobby Orr
My Story
ALAN DOYLE
WHERE I BELONG
Chicken Soup for the Soul
Christmas in Canada
101 Stories about the Joy and Wonder of the Holidays
Amy Newmark & Janet Matthews
It's a Wonderful Life
The Greatest Gift
CHRIS
ANN-MARIE
CAPTAIN PHILLIPS
A CAPTAIN'S DUTY
HARD CHOICES
NOT THAT KIND OF GIRL
A young woman tells you what she's "learned"
Lena Dunham
$20
WALLY LAMB
WE ARE WATER
THE OPPOSI OF LONELIN
MARINA KE
THE ROSIE PROJECT
NIGHT

76

LOBSTER

Hummer auf Eis am Flughafen

Die Westküste Kanadas hat den Lachs, die Ostküste den *lobster*. Hier in den *Maritimes*, den Seeprovinzen, sind die Fanggründe für die berühmten Hummer.

Der in den *Maritimes* gefangene Hummer gilt nicht nur dort als Delikatesse, sondern wird auch exportiert und ist zusammen mit anderen Meeresfrüchten und Fischen eine der wichtigen Einnahmequellen dieser Region. Zu den *Maritimes* gehören Nova Scotia, New Brunswick und die Prince Edward Island.

Im Sommer flanieren Einheimische und Touristen in Halifax an der *waterfront*, wo man Restaurants und Kioske findet, die *lobster* anbieten, genauer: die *lobster roll*. Eine Art Hummer-Hotdog, natürlich sehr viel schmackhafter als eine normale Version und auch entsprechend teurer. Er kostet je nach Größe und Beilage zwanzig Dollar und mehr.

Die *lobster roll* wird frisch zubereitet. Das Brötchen wird kross gebacken, der Hummer mit Mayonnaise, Zitronensaft und grünen Zwiebeln gemischt und dann zwischen die Brötchenhälften gelegt. Dazu gibt es Pommes oder Chips. Überall an der *waterfront* stehen Tische und Stühle, man sitzt mit Blick auf das Wasser und den Trubel und lässt sich den Hummer schmecken.

Wer mehr Hunger hat, kann eine *lobster poutine* essen. Hier wird die *poutine* – kanadisches Fast Food aus Pommes mit Käsestücken in dicker Soße – mit einer Lobstersoße angerichtet und mit Hummerstücken garniert.

Wer am Ende seines Aufenthaltes in den *Maritimes* Hummer mitnehmen möchte und ab Halifax fliegt, hat am Flughafen noch die Chance, bei Clearwater Seafoods welchen zu kaufen. Hier, in der Abflughalle, liegen dicht an dicht frische Nova-Scotia-Hummer auf Eis.

Hummerfallen auf Prince Edward Island

Hummerbrötchen, Waterfront, Halifax

77

LOCAL FRUIT STANDS

Lokal & saisonal

In vielen Orten gibt es einen *Farmers' Market*, auf dem man Obst und Gemüse der Saison kaufen kann.

The Local heißt der Schrank aus Holz vor dem Postgebäude in dem kleinen Dorf Tahsis an der Westküste von Vancouver Island. In diesem abgelegenen Ort sind die Einkaufsmöglichkeiten begrenzt, frisches Obst und Gemüse ist 155 Kilometer weit entfernt.

Da bietet es sich an, dass diejenigen, die im Dorf Obst und Gemüse anbauen und mehr haben als sie brauchen, ihre Produkte an die anderen Bewohner verkaufen.

Die Lösung ist *The Local*. Jeder, der etwas verkaufen möchte, legt es in den Schrank, der nur mit einem Haken verschlossen ist. Jeder, der etwas kaufen möchte, öffnet den Schrank und bedient sich. Die Preise stehen auf der Ware, im Schrank liegt ein Zettel, auf dem man einträgt, was man einkauft. Das Geld kommt in die Dose, die daneben steht. Eine Frau aus dem Dorf sammelt das Geld alle paar Tage ein und verteilt es an die Verkäufer.

Nur zweimal ist etwas weggekommen. Einmal hat jemand fünf Dollar mitgehen lassen. Das ganze Dorf fragte sich: Wer macht so etwas? Das andere Mal hat ein Bär den Schrank aufgebrochen.

Er wurde repariert, und das System trotzdem beibehalten.

Gerade in ländlichen Gegenden mit Landwirtschaft bietet es sich an, die Produkte direkt beim Farmer zu kaufen. Besonders gut ist das Angebot natürlich in Gegenden wie dem sonnenverwöhnten Similkameen Valley und im Okanagan Valley, BC.

Local and seasonal ist bei vielen Kanadiern beliebt, und durch das steigende ökologische Bewusstsein wird dieser Trend weiter zunehmen.

MASON JARS

LODGES

Komfortables Wohnen in der Wildnis

Das Versorgungsschiff Uchuck legt am Steg der Nootka Island Lodge an. Benzinfässer mit der Aufschrift NIL – Nootka Island Lodge - werden abgeladen, außerdem eine Palette mit Lebensmitteln. Und reichlich Boxen aus weißem Styropor.

Die Boxen sind für den Abtransport der Fische, die die Gäste während ihres Aufenthaltes in der Lodge fangen. Die Lodge liegt völlig abgelegen im Nootka Sound und kann nur per Wasserflugzeug oder Boot erreicht werden.

Lodges liegen oft abgelegen und landschaftlich besonders schön. Meist sind es aufwendige Bauten aus Holz mit großen Fenstern und Terrassen und einem fantastischen Ausblick. So genießen die Gäste mitten in der Wildnis Komfort und Exklusivität.

Die Nootka Island Lodge liegt zudem an einem historischen Ort. Hier im Nootka Sound lag Captain James Cook 1778 einige Monate vor Anker.

Mit an Bord war William Bligh. Er wurde später Kapitän auf der Bounty, die Meuterei gegen ihn ist noch heute berühmt.

Bei einem Aufenthalt in der Nootka Island Lodge ist alles inklusive: die Unterkunft, die Verpflegung sowie die Bootstour mit *fishing guide* und Angelausrüstung.

Vier Übernachtungen im Doppelzimmer kosten 3.800 Dollar plus Steuer pro Person. Dafür hat der Angler eine gute Chance, Lachs, Heilbutt, Lengdorsch oder Klippenbarsch zu fangen und in einer Styroporbox mit nach Hause nehmen zu können.

James Cook

Captain Cook (1728–1779) war ein britischer Seemann, Entdecker und Kartograf, der besonders für seine drei Südseefahrten berühmt ist. Auf der dritten Reise im Jahr 1778 lag er mit seinen Schiffen *Resolution* und *Discovery* zwei Monate im Nootka Sound vor Anker. In dieser Gegend lebten seit über 4.000 Jahren die Mowachat und Muchalat. Mowachat-Häuptling Chief Maquinna empfing James Cook und seine Männer so freundlich, dass Cook den Ort Friendly Cove nannte. Zum 240. Jahrestag der Landung von James Cook im Nootka Sound gab die Tahsis Heritage Society drei Gedenkmünzen heraus, die Captain Cook und Chief Maquinna zeigen. Diese Reise war übrigens Captain Cooks letzte Reise, er wurde 1789 auf Hawaii von Ureinwohnern ermordet.

Nootka Island Lodge, Nootka Sound, Vancouver Island

79

MALLS

Konsumtempel im Wandel

Die riesigen *malls* in Nordamerika waren eine Zeitlang der Inbegriff des Shopping-Paradieses. Aber haben sie eine Zukunft?

Ein glitzerndes Ambiente aus Glas, Stahl und Licht – das ist Metropolis at Metrotown in Burnaby (Vancouver). Etwa 400 Geschäfte sind in der größten *mall* von BC untergebracht. Die größte *mall* Kanadas ist die West Edmonton Mall in Edmonton (Alberta) mit über 800 Geschäften.

Viele Jahre waren die *malls* ein zentraler Punkt des alltäglichen Lebens. Es wurde eingekauft, Rentner machten ihre Morgenspaziergänge und Teenager hingen dort ab. Und heute?

Die Ironwood Mall in Campbell River gehört zu den kleinen *malls*. Eine Filiale der Supermarktkette Thrifty Foods, ein Dollarstore, fast leere Gänge und ein paar Geschäfte, in denen nicht viel los ist. Hier wird deutlich, welches Schicksal mittlerweile viele *malls* trifft: das Sterben der nordamerikanischen Einkaufszentren.

Auslöser waren die Krise 2008 und das stetige Wachsen des Online-Handels. Hinzu kamen die Schließungen der großen Ketten Target und Sears. Einige *malls* mussten daraufhin den Betrieb einstellen, andere versuchten sich an neuen Konzepten.

Die *malls* in Toronto öffnen morgens schon vor den Geschäften für das *mall walking,* das Laufen in der *mall.* Die Flächen sind groß, die Gänge lang, der Boden eben. Es gibt Bänke und Toiletten, es ist warm und man ist vor Regen geschützt: Die *mall* ist der perfekte Ort, um sich zu bewegen. Active Aching Canada propagiert das *mall movers movement,* indem es sogar Fitnesstrainer morgens in die *malls* schickt.

Metropolis at Metrotown wird das allerdings nicht mehr retten. Die Stadt hat beschlossen, den Komplex abzureißen. Dort soll ein neues Wohnviertel entstehen.

Eaton Centre Toronto

West Edmonton Mall

MARINAS

Anlaufstelle für Segler und Angler

Drei Angler nehmen ihre gerade gefangenen Lachse aus. Die Kellnerin bringt Bier an den großen runden Holztisch. An den langen Stegen dümpeln die Motorboote und über dem Fjord kreist hoch in der Luft ein Weißkopfadler.

Eine Marina, ein Jachthafen, ist viel mehr als ein Platz, an dem Boote liegen. Eine Marina ist der Ort, an dem der Angler oder Segler nach einem langen Tag draußen auf dem Meer entspannen kann, durchgepustet vom Wind, das Salz des Meeres auf der Haut.

Er bringt den Fang an Land. Hängt die Fische an den Haken an der Waage. Und wenn ein besonders großer dabei ist, schreibt er das Gewicht stolz an die Tafel, an der es um den Tagessieger geht. Es gibt zwar auch angelnde Frauen, aber in den Marinas sieht man doch meistens Männer am Werk.

In der Marina finden die Angler, Segler und Motorbootfahrer alles, was sie brauchen: eine Tankstelle, einen Laden für Angelbedarf, Duschen und Waschsalons. Ein Jachthafen ist das Zuhause auf dem Wasser.

Viele Marinas vermitteln auch Unterkünfte und *fishing guides.* Meistens haben sie auch ein Restaurant. Und auf keinen Fall dürfen Bier und andere Drinks fehlen. Manchmal gibt es dazu sogar *live music.*

Wenn die Marina in einem abgelegenen Ort liegt, werden Restaurants und Abendunterhaltung auch von den Einwohnern genutzt. Und wenn es keine *live music* gibt, sehen sie einfach den Anglern zu, die ihre Fische an Land bringen.

Westview Marina, Tahsis,
Vancouver Island

MASKEN

Tradition, Trance, Religion

»Ich schnitze gerne Masken. Die schnitze ich am liebsten. Sie haben so viele unterschiedliche Ausdrucksmöglichkeiten und so unterschiedliche Geschichten, die hinter ihnen stehen.«

Sanford Williams, Master Carver

Sanford Williams ist ein Mitglied der Mowachat First Nations, einer Stammesgruppe an der Westküste von Vancouver Island. Die bläuliche Maske des Schnitzers trägt den Titel *»Frog & Mosquito«*. Er hat sie entworfen, um die Balance von Natur, Nahrungskette und Überleben zu zeigen.

Masken spielen in der Tradition der Ureinwohner eine wichtige Rolle. Sie können Tiere, Menschen, Naturgewalten oder übernatürliche Wesen darstellen.

Oft war das Recht an einer Maske und der Geschichte, die sie erzählte, an eine bestimmte Person gebunden, die es vor ihrem Tod weitergab.

Bis Anfang des 19. Jahrhunderts wurden Masken ausschließlich für Zeremonien hergestellt, ab dann auch zum Verkauf an die Europäer.

In der Abteilung *»First Peoples Galleries«* im Royal BC Museum in Victoria kann man Masken besichtigen und deren Geschichten erfahren. Im U'mista Cultural Center in Alert Bay auf Comorant Island befindet sich eine besondere Ausstellung von zeremoniellen Masken. Es sind die Masken, die vom kanadischen Staat konfisziert wurden, um den Ureinwohnern die Möglichkeit zu nehmen, ihre Kultur auszuüben (siehe Seite 178).

Masken haben etwas Geheimnisvolles, Magisches, sie verwandeln den Tänzer, sind machtvolle Objekte, die von den Ureinwohnern dazu verwendet wurden, ihre Kultur weiterzugeben, ihren Platz im Universum zu finden, ihre Verbindung mit dem Universum darzustellen. So wie bei der Maske *»Frog & Mosquito«*, inspiriert von den unzähligen *mosquitos* am Strand von Yuquot, dem Ort an der Küste von Nootka Island, an dem Sanford Williams aufwuchs und lange seine Sommer-Werkstatt hatte.

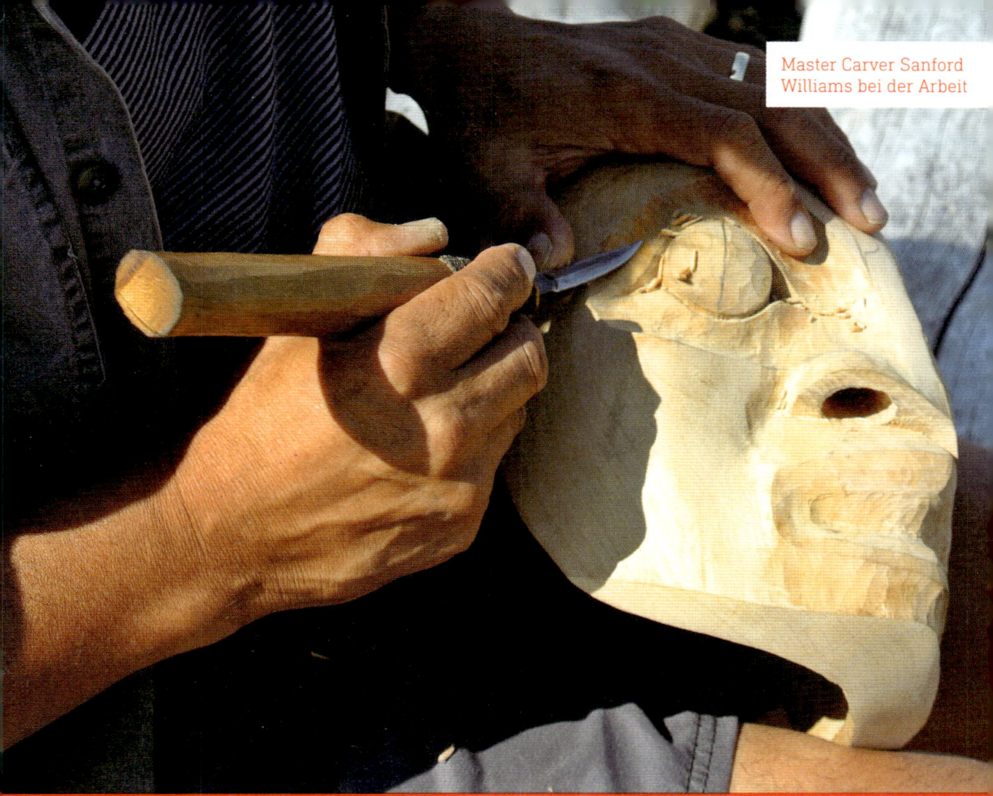

Master Carver Sanford Williams bei der Arbeit

Maske »Half Breed by Sanford Williams«

82

MISSIONS

Christianisierung der Ureinwohner

Mit der Ankunft der Europäer kamen die Missionare, um die Heiden zu christianisieren.

Heute strahlt der Kirchenraum der anglikanischen Kirche von Alert Bay etwas Friedliches aus. In einer Ecke sind Stühle gestapelt, an der Rückwand befinden sich Regale mit Büchern. Auf den Kirchenbänken liegen persönliche Sachen: ein paar Sitzkissen, eine Trinkflasche, ein Malbuch und Buntstifte.

Aber zunächst bedeutete die Christianisierung für die Ureinwohner den Verlust ihrer Kultur, ihrer Traditionen und ihrer Religion. Auch viele der *residential schools,* in denen die Kinder zwangsbeschult wurden, wurden von Missionaren geleitet.

Auf dem neuen Friedhof von Alert Bay stehen Kreuze mit Traumfängern und Lachsen und Kreuze, die an Totempfähle erinnern. Eine Vermischung der Kulturen – das Ergebnis von aufgezwungenem Christentum und traditioneller Kultur, die heute natürlich erlaubt ist. So leben die alten Traditionen und Zeremonien wieder auf.

Das Buntglasfenster von 1979, zum 100-jährigen Bestehen dieser Kirche entworfen, zeigt eine Friedenstaube, ein Wasserflugzeug, die Kirche in Ufernähe und Ureinwohner im Kanu. Davor die aufgeschlagene Bibel. Wie die ganze Kirche strahlt auch das Fenster etwas Friedliches aus.

Aber 1879 – das Jahr, in dem die Kirche gebaut wurde, war für die Ureinwohner von Alert Bay kein friedliches Jahr, sondern brachte ihnen jahrzehntelange Unterdrückung.

Friedhof in Alert Bay, Cormorant Island

MOBILITÄT
Umziehen in Kanada

Nordamerikaner ziehen häufig um. In Montreal sogar alle am gleichen Tag.

»Woher kommst du?«, wird man in Kanada oft gefragt. Und zwar nicht nur als Besucher, sondern auch als Einheimischer. Denn viele Kanadier wohnen nicht dort, wo sie aufgewachsen sind und ziehen im Laufe ihres Lebens mehrmals um. Auch dann, wenn sie Hausbesitzer sind.

»*Canada is a nation of movers.*« – »Kanada ist eine Nation von Menschen, die umziehen.« So heißt es auf einer Internetseite der kanadischen Regierung. Laut dieser Seite sind die Hälfte der kanadischen Haushalte in den letzten fünf Jahren umgezogen oder beabsichtigen, es in den nächsten fünf Jahren zu tun.

Der Wohnortwechsel ist auch deswegen unproblematisch, weil die Ankunft im neuen Wohnort leicht gemacht wird. Wer möchte, findet sofort Anschluss in einem der vielen Komitees, Vereine oder bei der Feuerwehr. Integration ist in Kanada einfach.

So ein Umzug erfordert viel Organisation, das alte Haus muss verkauft werden, das neue gekauft. Oder gemietet. Das ist natürlich dann am einfachsten, wenn alle am gleichen Tag umziehen.

In der Provinz Quebec ist der 1. Juli daher *moving day.* Es ist kein Gesetz, aber Tradition. Viele Mietverträge in Monteral beginnen beziehungsweise enden an diesem Tag.

Für den Tag spricht, dass er in die Schulferien fällt und zu einem langen Wochenende gehört. Aber vielleicht geht es auch um einen kleinen subtilen Affront der französischsprachigen Provinz Quebec gegen Kanada. Man zieht an diesem Tag lieber um, als Kanada zu feiern. Denn der 1. Juli ist auch Canada Day, der Nationalfeiertag des Landes.

U-Haul-Trucks
für Umzüge

84

MONTREAL

Expo 1967, Olympia 1976, Festivals – jedes Jahr!

Im Stadtviertel Plateau Mont Real findet ein Straßenmarkt statt. Paare und Familien lassen sich von Stand zu Stand treiben. Betrachten das Kunsthandwerk, essen Eis, bewundern Bilder.

Dieser Straßenmarkt ist nur einer von vielen *street fairs*, die im Sommer überall in Montreal stattfinden. Die Stadt ist außerdem berühmt für seine Festivals, die über das ganze Jahr verteilt stattfinden. Vom Igloofest zum St. Patrick's Day bis zum Montreal International Jazz Festival.

Aber nicht nur die Festivals ziehen Touristen an. Auch sonst gibt es in Montreal einiges Sehenswertes. Die Altstadt mit der Basilika Notre-Dame-de-Montreal, das Viertel Mont-Royal mit Bistros und Cafés und nicht zuletzt die Underground City. Über 30 Kilometer Passagen mit Geschäften, Restaurants und Kinos, verbunden mit den Metro-Stationen. Eine unterirdische Stadt wie ein Maulwurfbau (gut beleuchtet, aber nicht immer gut beschildert), für die es einen eigenen Stadtplan gibt.

Oberirdisch bietet sich die belebte Rue Saint-Catherine in der Innenstadt zum Shoppen an. Hier befinden sich auch die Kaufhäuser Eaton Center und The Bay.

Mehr als vier Millionen Einwohner hat die Metropole im Osten des Landes. Die Innenstadt ist sehr belebt, aber sobald man sich nur wenige Kilometer vom Zentrum entfernt, wird es ruhiger, ja fast provinziell. Hier ist das Leben beschaulicher, die Läden sind kleiner, man wird schnell Stammgast im Restaurant. Am Ufer des Saint Lawrence River mit seinen Spaziergängern, Anglern und Liebespaaren auf den Bänken erinnert schließlich nur noch die Skyline an den Großstadttrubel.

85

MOSQUITOS

Quälgeist mit Denkmal

In einem Land mit zwei Millionen Seen verwundert es nicht, dass Mücken zur Plage werden.

Ein Blick in einen Outdoor-Laden oder in die Regale bei Canadian Tire verrät, was außer Kochgeschirr, Feuerzeug und Kompass noch zur Ausrüstung in Kanada gehört: das Mückenspray.

Mücken können in Kanada wirklich zur Plage werden. In der Nähe von Gewässern und bei Windstille kommen sie in der Dämmerung und machen einen mit ihrem beharrlichen Surren um den Kopf verrückt.

Glücklicherweise sind Mücken in Kanada hauptsächlich lästig und nicht gefährlich. Noch, denn mit der Klimaänderung werden die Mücken auch Krankheiten übertragen, wie man sie aus wärmeren Gebieten kennt.

Mücken sind in Kanada legendär, der Spruch: »*Why did God make the mosquitos?*« – »Warum schuf Gott die Mücken?« ist oft zu lesen oder auf Plakaten zu sehen.

Die Mückenplage ist abhängig von Jahreszeit und Region. Reader's Digest hat dazu durch Befragung der Leserschaft eine Top-10-Liste der Orte mit der stärksten Mückenplage erstellt. Die Stadt auf dem ersten Platz ist Komarno in Manitoba, etwas 70 Kilometer nördlich von Winnipeg. Dort hat man jetzt zu Ehren der Mücken sogar eine viereinhalb Meter hohe Mückenstatue aufgestellt. Ein schönes Beispiel für kanadischen Humor (siehe Seite 48).

Frog & Mosquito by
Sanford Williams

86

MOTELS

Unterkünfte für Autofahrer

Ein einfacher Bau in I- oder L-Form – so sieht das typisch nordamerikanische Motel aus. Alle irgendwie gleich.

Entlang des Ortseingangs eines beliebigen Ortes in Kanada liegen kleine *malls,* Tankstellen und Fast-Food-Restaurants. Hier befinden sich auch die Motels.

Früher gab es viele kleine Motels mit romantischen Namen wie Bluebird Motel, River Heights Motel oder Mermaid Motel. Diese Betriebe waren meist in Familienbesitz. Heute gehören mehr und mehr Motels zu Ketten wie Best Western, Super 8 oder Travellodge.

Die Hotelpreise sind in Kanada generell hoch, aber in den Motels kann man noch Zimmer ab 100 Dollar pro Nacht finden. Wobei es keinen Unterschied macht, ob es ein Einzel- oder Doppelzimmer ist, der Preis ist gleich.

Motel ist die Abkürzung für *motor hotel,* und Reisende mit Autos sind nach wie vor die Zielgruppe.

Für jedes Zimmer gibt es einen Parkplatz, meistens direkt vor der Tür. Jedes Zimmer hat einen Ausgang nach draußen, ohne Flur, egal wie kalt es draußen werden kann.

Bei Motels in besonders kalten Regionen wie im Norden Quebecs oder im Yukon gibt es draußen vor den Zimmern eine Steckdose. Hier wird die Batterie des Autos über Nacht angeschlossen, damit das Auto am nächsten Morgen wieder anspringt.

Innen sieht es überall gleich aus: Die Zimmer haben ein Badezimmer, Fernseher, Mikrowelle und Kaffeemaschine. Und die Tagesdecken scheinen alle Motels vom gleichen Ausstatter zu beziehen.

City Center Motel,
Main Street, Vancouver

MURALS
Kunst an Wänden

»My Mother gave candies to the children. They called her Grandmother, while the customers usually called her ›Mother Chang‹.« –
»Meine Mutter gab den Kindern Süßigkeiten. Sie nannten sie Großmutter, während die Kunden sie für gewöhnlich ›Mutter Chang‹ nannten.«

Ning Chang, Memories of a Chinese Boy

Dieser Satz steht auf einem Wandbild mit dem Namen »Erinnerungen eines chinesischen Jungen«, es ist eines der rund 40 Kunstwerke, die man im Zentrum von Chemainus auf Vancouver Island findet. Und diese Wandgemälde haben den Ort gerettet.

In den 80er-Jahren ging die Forstwirtschaft stark zurück, und das Sägewerk von Chemainus hatte weniger Aufträge. Die Arbeitsplätze in dem kleinen Ort verschwanden, der Ort drohte in der Bedeutungslosigkeit zu verschwinden. Ein ansässiger Geschäftsmann hatte die Idee, die Geschichte des Ortes auf Wandbildern darzustellen. Diese Initiative brachte den Tourismus, die *murals* retteten die Stadt.

Aber kunstvoll bemalte Wände findet man nicht nur in diesem Ort, sondern auch in vielen anderen kanadischen Städten. Montreal in Quebec hat seit 2013 sogar das Mural Festival.

Überall in Kanada haben die Wandbilder die Städte bunter gemacht und ganze Straßen in *outdoor art galleries* verwandelt, in Kunstgalerien für alle.

Wenn man es ganz genau nimmt, gibt es Wandmalerei seit über 40.000 Jahren, wie die Höhlenmalerei von La Castillo in Spanien beweist. Die Kunstrichtung Muralismo, die Malereien an öffentlichen Gebäuden beinhaltet, entstand vor gut 100 Jahren in Mexiko und hat sich von dort aus verbreitet.
In Kanada sind die *murals* weit verbreitet, an vielen Orten wie in Chemainus sogar eine Touristenattraktion. Die Großstadt Toronto hat natürlich viel *street art*. Das Winslow Magazine berichtet über die wichtigsten *street art artists*, die man in Toronto kennen sollte. An erster Stelle KWEST (Brian Leitch) mit einer linearen Darstellung von zwei Gesichtern. Gefolgt von Anser, dessen Gemälde mit einem Portrait in kräftigen Farben eine Hauswand verschönert.
Auf der Seite von Mural Routes findet man eine Vielzahl von Städten in ganz Kanada, in denen man Wandbilder besichtigen kann: www.muralroutes.ca

Mural in Cow Bay, Prince Rupert, BC

Mural »Memories of a Chinese Boy« by Cheng Shu Ren, Chemainus

MUSÉE DE LA CIVILISATION

Der Mensch in seiner Umgebung

Es ist ein verregneter Mittwoch im August in Quebec City. Viele Touristen tragen unförmige Plastikumhänge, auf denen vorne »Quebec« steht. Der perfekte Tag, um das Musée de la civilisation zu besichtigen.

Das 1988 eröffnete Museum der Zivilisation liegt in der Nähe des Saint Lawrence River zwischen Place Royale und dem alten Hafen. Es gibt Dauerausstellungen wie die zur Geschichte der Stadt oder die Ausstellung zur Geschichte der Ureinwohner mit dem Titel »*Nous, les première nations*«. In Quebec leben elf der *première nations* oder *first nations,* also elf verschiedene Ureinwohner-Nationen.

Während einer der Führungen erklärt eine Angestellte des Museums sensibel deren Kulturen, zeigt die Gegenstände, erzählt über ihre Philosophie. Für die Ureinwohner ist alles ein Kreis. Ein Gegensatz zum Denken der europäischen Siedler und heutigen Nachfahren, für die Entwicklungen linear sind.

Sie spricht auch über Themen wie die Unterbringung der Kinder in den *residential schools.* Ihre Führung passt gut zum neuen Geist der *reconciliation* in Kanada (siehe Seite 200 und Seite 196). An der Wand steht ein Zitat der Ureinwohner: »Wir haben auch gewusst, dass es mehr Land gibt, aber wir wären nie auf die Idee gekommen, dorthin zu gehen und es den Bewohnern wegzunehmen. Das macht man nicht.« In ihrer Weltsicht war die Erde die Mutter, die alle und alles nährt.

Eine andere Ausstellung zeigt Bilder von Menschen, die völlig von ihren Kleidern umschlungen sind, die Kleider als weiche Hülle um den Menschen; außerdem eine Ausstellung über Gegenstände, über giftige Schlangen, über Wunder der Erde ... ein Museum der Zivilisation in vielen Facetten.

89

MUSIK …

… Ceilidh, Medicine Songs und New Journeys

Leonard Cohen, Céline Dion, Bryan Adams – die Liste der weltberühmten Liedermacher aus Kanada ist lang. Aber es gibt natürlich noch sehr viel mehr großartige kanadische Musiker.

Ein Samstagabend im August in Stanley Bridge auf Prince Edward Island (PEI). Der kleine Saal im Sterling Women's Institute ist bis auf den letzten Platz besetzt. 120 Zuhörer sind gekommen, um die lokalen Musiker Richard Wood, Gordon Belsher und Brad Fremlin zu erleben.

Die Musik, Ceilidh, ist schottischen Ursprungs, und auch als *kitchen party* bekannt. Es ist nur eine der vielen Musikformen, die es in Kanada gibt. Natürlich brachten die Siedler ihre Musik mit, aber auch die *First Nations* hatten und haben ihre Musik und entwickeln sie weiter. Die bekannteste kanadische Musikerin mit First-Nations-Abstammung ist wohl Buffy Sainte-Marie. Sie steht seit Anfang der 60er-Jahre auf der Bühne und wurde vielfach ausgezeichnet, so zum Beispiel für ihr Album *Medicine Songs,* das 2017 erschien.

Sie singt auf Englisch, die Musik ist rockig. Die Musikerin Terri-Lynn Williams-Davidson dagegen singt bewusst in der Sprache der Haida. Mit ihrer Musik möchte sie eine Brücke zwischen der Vergangenheit und Gegenwart schaffen. Sie ist übrigens nicht nur Musikerin, sondern auch Anwältin für Umweltrecht der Ureinwohner.

An diesem Samstagabend in Stanley Bridge herrscht eine familiäre Atmosphäre. Richard Wood fragt, wo alle herkommen. Die meisten sind von außerhalb, also nicht von PEI. Richard Wood spielt wie ein Teufelsgeiger. Die Zuschauer, egal welchen Ursprungs, sind begeistert, ein Ceilidh reißt einfach jeden mit.

Richard Wood, Stanley Bridge, Prince Edward Island

90

NATIONAL INDIGENOUS PEOPLES DAY

Tag der Ureinwohner

Zeremonien zur Sommersonnenwende – das gehörte früher zur Tradition vieler indigener Kulturen. Seit 1996 ist der 21. Juni in Kanada der National Indigenous Peoples Day.

Die Ureinwohner Kanadas machen knapp fünf Prozent der kanadischen Bevölkerung aus: *First Nations,* Inuit und Métis. Die Métis sind die Nachfahren europäischer Pelzhändler mit Frauen der Ureinwohner.

Die Ankunft der Europäer war für die Ureinwohner eine Katastrophe. Die Ankömmlinge schleppten Krankheiten ein und versuchten mit Gewalt, ihre Vorstellung von Zivilisation durchzusetzen. Auch durch Verbote alter Traditionen, Kulturen und Muttersprache der Ureinwohner (siehe Seite 178 und Seite 146).

Die Kinder wurden den Eltern weggenommen und in sogenannten *residential schools* untergebracht, in denen sie »zivilisiert« werden sollten. Der Verlust der Familie, Missbrauch, und Krankheiten – viele der Kinder überlebten die Internate nicht. Die letzte der *residential schools* wurde erst 1996 geschlossen. Durch die Zerstörung der Familien und der Zwangsunterbringung entstand ein Trauma, das bis heute Folgen hat.

Heute leben die ursprünglichen Traditionen wieder auf, *potlatch,* ein wichtiges traditionelles Fest, ist wieder erlaubt und die Sprachen der Ureinwohner werden in Schulen gelehrt.

Der National Indigenous Peoples Day würdigt die Leistung, die Geschichte und die Kultur der Ureinwohner und ist somit ein Beitrag zur *reconciliation,* der Versöhnung (siehe Seite 196). In den Northwest Territories und im Yukon ist der National Indigenous Peoples Day mittlerweile auch ein staatlicher Feiertag.

Banner am Centre for Indigenous people in Ottawa anlässlich des National Indigenous Peoples Day in 2017

NATURSCHUTZ

Bemühen um Erhalt von Landschaft und wilden Tieren

Einfach mal so die Angel in den Fluss zu halten oder einen Bären zu schießen, ist auch in Kanada nicht möglich. Angeln und Jagen sind strengstens geregelt, und die Kontrollen scharf.

Die Regeln für das Angeln in Süßwasser sind in einem dicken Heft zusammengefasst, in dem genau steht, wann was und wo geangelt werden darf. Manchmal sogar wie etwas geangelt werden darf, also mit welchen Ködern.

Genauso kann natürlich ein Bär oder Puma, der in besiedelten Gebieten zur Gefahr wird, nicht einfach erschossen werden. Darum kümmert sich ein *wildlife officer,* der den Bären in einer Bärenfalle fangen und in die Wildnis bringen wird. Erst wenn Wildtiere wirklich gefährlich werden, werden sie erschossen.

Kanada hat außerdem sehr viele Schutzgebiete. Am bekanntesten sind die *national parks,* die Nationalparks, und die *provincial parks,* die Naturparks der Provinzen. Um die Vegetation zu schützen, bleibt man auf den Wanderwegen. Im Regenwald gibt es Pfade mit *boardwalks,* Stegen und Brücken aus Holz. So können die Besucher im Regenwald laufen, ohne Pflanzen zu zerstören.

Parks Canada informiert in Broschüren über Verhaltensregeln bei Begegnung mit wilden Tieren. Mit Hilfe von Schildern wird versucht, eine Balance zwischen Besichtigung und Naturschutz zu finden. So hängt dann plötzlich mitten in der Natur ein Schild an einem Baum, das auf die Fische im Fluss hinweist:

ACHTUNG
LACHSE AN DER ARBEIT

Dieser Fluss unterstützt
das Laichen und Aufwachsen
von Lachen und Forellen.

Bitte schützen Sie
Ihre Ressource

CAUTION!
SALMON AT WORK
This stream
supports spawning and rearing
salmon and trout.
Please protect your resource
Fisheries and Oceans
Pêches et Océans
Canada

92

NORDEN

Viel Natur und wenig Mensch

Nunavut, das kanadische Territorium im Norden, ist fast sieben Mal so groß wie Deutschland. Auf der gesamten Fläche leben allerdings nur 37.000 Einwohner.

Wenn man von Dawson City, Yukon Territory, nach Alaska fährt, setzt man zunächst mit einer kleinen Fähre über den Fluss Yukon. Dann beginnt der 127 Kilometer lange Top of the World Highway zur Grenze nach Alaska. Im Winter ist er geschlossen, im Sommer führt er durch unberührte Landschaft mit Blick über die Berge.

Hier im Norden ist Kanada nur wenig besiedelt. In den drei Territorien, also Northwest Territories, Yukon und Nunavut, leben knapp 120.000 Menschen, davon die meisten in den wenigen Städten.

Je weiter man nach Norden kommt, desto härter wird das Klima. Weit oben sind die Winter lang, und an Orten wie Pangnirtung in Nunavut ist es im Winter zwei Monate lang dunkel.

Wer hier wohnt, ist entweder hier geboren, ein Abenteurer auf der Suche nach Gold oder Einsamkeit oder wird als Lehrer oder Polizist in die Wildnis versetzt. Oder er oder sie hat hier einen gut bezahlten Job gefunden, wie zum Beispiel der Sohn von Freunden, der in dem kleinen Ort Hay River in den Nordwest Territorien als Ingenieur arbeitet.

Das Leben im Norden ist auch heute noch eine Herausforderung, selbst wenn es Versorgung mit Wasser und Strom gibt.

Die Einkaufsmöglichkeiten sind beschränkt, die Lieferung vom Wetter abhängig. Die nächste Stadt eine Tagestour oder noch viel weiter entfernt. Kein Wunder, dass die meisten Kanadier in großen Städten wie Toronto, Montreal und Calgary sowie im Gürtel entlang der südlichen Landesgrenze zu den USA leben.

Landschaft zwischen Chicken, Alaska, und Dawson, Yukon

93

ORTSSCHILDER

Willkommen auf kanadisch

Welcome to Historic
Charlottetown
Birthplace of Confederation

Jeder Ort in Kanada hat ein Schild am Eingang, mit dem er seine Besucher willkommen heißt. Oft weisen diese Schilder auch auf das Besondere hin, das mit diesem Ort verbunden ist.

In Charlottetown auf der Prince Edward Island fand im Jahr 1864 die Charlottetown Conference statt, das Treffen, das 1867 zur Gründung Kanadas führte. Daher führt die Stadt »*Birthplace of Confederation*« im Ortsschild.

Ein schwarzes Schild mit goldgelber Schrift verkündet für Halifax in Nova Scotia »*Welcome to Halifax – Founded 1794*«

Der kleine Ort Clearwater in BC hat ein großes helles Ortsschild in Form eines Berges, eine blaue Wellenlinie stilisiert einen Fluss: »*Clearwater – Adventure starts here – Gateway to Wells Gray Park*«

Damit ist im Grunde das Wichtigste über diesen Ort gesagt: Er ist der perfekte Ausgangspunkt für Abenteuertouren im Naturschutzgebiet Wells Gray Provincial Park.

Mit seinem Ortsschild stellt Campbell River auf Vancouver Island die Behauptung auf, die Lachshauptstadt der Welt zu sein: »*Welcome to Campbell River – Salmon Capital of the World – Gateway to Strathcona & Discovery Islands*«

Die Discovery Islands zwischen Vancouver Island und dem Festland sind nach der Tatsache benannt, dass von hier aus British Columbia »entdeckt« wurde (*to discover, discovery* – entdecken, die Entdeckung) .

Daher ist auch auf dem Ortsschild von Tahsis an der Westküste Vancouver Islands ein Segelschiff abgebildet. Es handelt sich um das Schiff, mit dem James Cook 1778 vor Nootka Island lag. Daher die Inschrift: »*Tahsis – Birthplace of British Columbia*«.

Moose Jaw im Süden der Provinz Saskatchewan, etwa mittig zwischen Calgary und Winnipeg gelegen

94

PARKS CANADA

Verwaltung von Natur und Kulturerbe

Die Besucher der Parks wollen Bären sehen, aber die Bären sollen sich nicht an Menschen gewöhnen. Die Wildtiere sollen wild bleiben.

Für die Regelung dieser entgegengesetzten Bedürfnisse ist Parks Canada zuständig. Beziehungsweise Parcs Canada, denn bei der Regierungsorganisation muss alles zweisprachig sein, also Englisch und Französisch.

Parks Canada ist unter anderem für den Erhalt von *National Historic Sites* und *National Parks* zuständig. Sie verwaltet 48 *National Parks,* regelt die Besucherströme und sorgt dafür, dass Tiere und Natur geschützt werden.

So erstellt und verteilt sie zum Beispiel Broschüren, die über das *wildlife* in den Parks und den Umgang mit den Wildtieren aufklären. Vom Wanderweg bis zur Kompost-Toilette – Parks Canada kümmert sich. Und über Parks Canada können die staatlichen Campingplätze reserviert werden.

Aber sie kümmern sich nicht nur um die Wildnis, sondern auch um den Erhalt von Kulturstätten, um die Verwaltung von 174 *National Historic Sites* wie zum Beispiel den Ort, an dem 1838 die »Battle of the Windmill« stattfand, die historischen Gebäude aus der Zeit des Goldrauschs in Dawson oder auch Fort Langley in BC. Dort, in Fort Langley, wurde übrigens British Columbia gegründet. Heute kann man hier in das Leben des 19. Jahrhunderts eintauchen, Vorräte und Biberfelle, die Wohnräume und die Anlage selbst besichtigen. Ein sehr lebendiger Eindruck der kanadischen Geschichte.

Battle of the Windmill Historic Site, Prescott, Ontario

PATH
Shoppen in der Unterwelt

Wo ist der Ausgang? Durch die Bahnhöfe, Busbahnhöfe und Metrostationen landet man schnell in der unterirdischen Stadt von Montreal. Aber wie findet man wieder zurück ans Tageslicht?

Für die Unterstadt von Toronto gibt es einen Stadtplan und eine App namens *Pathmap*. Das Navi kann man allerdings vergessen, es funktioniert »hier unten« meistens nicht. »PATH« heißt das Tunnelsystem, das bereits 1900 mit einem Tunnel des Kaufhauses Eaton's seinen Anfang nahm. Heute ist das System 30 Kilometer lang, geplant ist ein Ausbau auf 60 Kilometer.

Angeschlossen sind nicht nur die Bahnhöfe, sondern insgesamt 50 Gebäude. Die Stadt unter der Stadt bietet alles: Läden, Kinos, Restaurants.

Die *Underground City of Montreal* ist mit 32 Kilometern sogar noch größer als PATH in Toronto. Sie entstand in den sechziger Jahren und ist mit zwölf Quadratkilometern voller Tunnel und Ladenpassagen die größte unterirdische Stadt der Welt.

Für beide *Underground Cities* gilt: Wer nicht nach draußen möchte, muss es nicht. Er oder sie findet unterirdisch alles, was man braucht. Für diejenigen, die doch nach oben möchten: Es ist möglich, aber manchmal gar nicht so einfach. Denn so richtig gut ist die Beschilderung für den Weg nach oben meist nicht.

Mall in Toronto

PEKWACHNAMAYKOSKWASKWAYPINWANIK

Neue alte Namen

In Kanada gibt es jetzt einen Fluss mit sieben Namen.

Pekwachnamaykoskwaskwaypinwanik ist ein See in Manitoba und mit 31 Buchstaben die längste Ortsbezeichnung in Kanada. Es ist Cree, eine Sprache der *First Nations,* und bedeutet: »*Where the wild trouts are caught by fishing with hooks.*« – »Wo die wilden Forellen mit Haken geangelt werden.«

Die Wörter der Ureinwohnersprachen sind für Europäer nicht einfach auszusprechen. Also gaben die frühen Siedler den Orten und Gegenden europäische Namen. Heute anerkennt man in Kanada das Unrecht, das den Ureinwohnern angetan wurde. Die Umbenennung der Orte ist ein Teil der Wiedergutmachung.

So heißen die Queen Charlotte Islands seit 2009 Haida Gwaii, benannt nach den Haida, einem Indianervolk, das dort lebt. Haida Gwaii bedeutet: »*Islands of the People*«.

Die Strait of George, San Juan Street und Pudget Sound behalten zwar ihre Namen, werden aber geographisch jetzt unter »*Salish Sea*« zusammengefasst.

Die Stadt Calgary in Alberta wurde nach dem schottischen Ort Calgary benannt. Die Stoney Nakoda möchten den Namen in Wichispa Oyade *(Elbow town)* ändern. Die Blackfoot schlagen Mohkinststin-aka-piyosis *(Many houses on the elbow river)* vor. Die Provinz Alberta möchte eigentlich nichts am Stadtnamen ändern.

Der Mackenzie River hat mittlerweile diplomatischerweise gleich sieben Namen. Er wurde 1789 nach seinem »Entdecker« Alexander MacKenzie benannt. Jetzt heißt der große Fluss in den North West Territories: Dehcho, Deho, Kuupak, Nagwichoonjik, Grande Rivière, Fleuve River und Mackenzie River. Da kann sich jeder aussuchen, wie er ihn nennen möchte.

Schild, das auf
Land der Mowachat
Muchalat hinweist

PETE'S FARM

Homesteading

»Ich habe dort Hühner, Enten, Gänse, Kaninchen und Schweine gezüchtet und im Ort verkauft, was ich mit seiner Hilfe und Großzügigkeit produziert habe«, erinnert sich William Coates an Pete und seine Farm.

Pete's Farm liegt an der Westküste von Vancouver Island. Pete Choate übernahm die Farm in den 60er-Jahren von den »Perry-Brüdern«, die sich dort 1912 niedergelassen hatten. Pete schiffte eine *cabin* über den Fluss ein und wohnte dort, bis er zu alt für die Landwirtschaft wurde.

Danach verfiel das Haus, das Land wurde nicht mehr bestellt. Die heute immer noch verlassene Farm ist ein Beispiel für die vielen Versuche, in abgelegenen Gegenden zu siedeln.

Ende des 19. und Anfang des 20. Jahrhunderts gab es in Kanada das sogenannte *homesteading*. Wer siedeln und als Selbstversorger leben wollte, konnte vom Staat für 10 Dollar 160 Acres (etwa 65 Hektar) erwerben. Mit der Auflage, dort ein Haus zu bauen und das Land zu bearbeiten.

Es klang nach einem guten Angebot, aber es war ein hartes Leben. Die Gehöfte waren abgelegen, oft ohne Anbindung an eine Straße, selbst die *trails* waren bei schlechtem Wetter kaum passierbar. Alles musste mühsam herangeschafft oder selbst hergestellt werden.

Im Frühjahr und Sommer wurde das Land bestellt, im Herbst wurden die Ernten eingeholt und Vorräte angelegt. Im Winter reparierte man Werkzeug und flickte und nähte Kleidung.

Homesteading mit günstigem Staatsland gibt es heute nicht mehr. Aber es gibt eine Bewegung von Menschen, die sich Land in abgelegenen Gegenden kaufen, um dort als Selbstversorger zu leben. Die Fähigkeiten der Siedler wie Einmachen, Nähen, Stricken und Handwerken sind in Kanada auch heute noch hoch angesehen.

Pete's Farm am Leiner River, Tahsis, Vancouver Island

POTLATCH
Tradition der Ureinwohner

***Potlatch* ist eine traditionelle Zeremonie der Ureinwohner an der Pacific Northwest Coast Kanadas – eine Zeremonie, die jahrzehntelang verboten war und dennoch überlebt hat.**

Für die Kwakwaka'wakw an der Westküste von BC ist derjenige reich, der nicht nur viel besitzt, sondern seinen Reichtum verteilt. Das geschah traditionell bei einem *potlatch*. Die Stammesmitglieder kamen zusammen, es wurde getanzt, es gab Zeremonien und es wurden Geschenke verteilt. Ein *potlatch* hatte eine wichtige soziale, spirituelle, religiöse und kulturelle Funktion.

Als die Europäer das Land besiedelten, waren sie der Meinung, dass das Festhalten an den Traditionen die »Zivilisierung« der Ureinwohner verhindern würde. Ein weiteres Argument war, dass die Vorbereitung und Durchführung des *potlatch* die Stammesmitglieder von der Arbeit abhalten würde und dass der Schenkende sich ruinieren könnte.

Eine Chronologie

1885: Im Rahmen des *Indian Acts* werden *potlatch* und Tanzen verboten. Auf Zuwiderhandlung steht Gefängnisstrafe.

Die *potlatch* fanden im Geheimen weiterhin statt. Sie bedeuteten ja weit mehr als nur eine Zusammenkunft. Da die Ureinwohner keine Schriftsprache hatten, hing die Vermittlung von Geschichte und Kultur von mündlicher Weitergabe ab.

1921: 45 Teilnehmer eines *potlatch* werden verhaftet. 20 Teilnehmer kommen ins Gefängnis, alle zeremoniellen Gegenstände, Trachten und Masken werden konfisziert.

1951: Das Gesetz wird aufgehoben.

Den Ureinwohnern von Alert Bay, BC – dem Ort, an dem die Verhaftung stattfand – ist es mittlerweile gelungen, einen Teil der Masken aus Museen zurückzubekommen. Jetzt kann man sie im U'mista Cultural Center in Alert Bay auf Cormorant Island besichtigen.

U'mista Cultural Centre, Alert Bay, Cormorant Island

POTLUCK
Buffett zum Mitbringen

In Kanada sind Einladungen zu einem *potluck* üblich – aber was bringt man mit?

In Kanada gehören Einladungen zu einem *potluck* zum Alltag. Mal ist es der Seniorenverein, der ein Treffen hat, bei dem es einen *potluck* gibt. Es kann ein *ladies' lunch* von der Kirchengruppe sein. Eine Silvesterfeier bei Freunden, ein Familientreffen oder eine Gartenparty mit *barbecue.*

Potluck bedeutet in diesem Fall: »Jeder bringt etwas mit.« Das Essen wird auf einem großen Tisch angerichtet, und wie bei einem Buffet bedient sich jeder selbst. Meistens gibt es Kaffee, Tee und kalte Getränke, seinen Alkohol bringt jeder Gast ebenfalls selbst mit.

Manchmal bleibt es dem Zufall überlassen, ob sich eine sinnvolle Essenszusammenstellung ergibt. Manchmal spricht man sich auch vorher ab oder weiß aus Erfahrung, was dieser oder jene mitbringen wird. Oft ist es so, dass jede(r) seine Spezialität hat. Seinen »*signature dish*«, wie zum Beispiel einen bestimmten Salat, Auflauf, oder Kuchen, der von allen geschätzt wird.

Und wie viel bringt man mit? Mehr als man selbst essen kann oder möchte. Und da das alle tun, hat man am Ende des *potlucks* logischerweise Reste. Die werden verteilt oder eingefroren. Was eignet sich? Natürlich Salate, Klassiker wie *german potatoe salad* oder Nudelsalate. Und jede Art von *finger food.* Außerdem Kuchen – *Butter Tarts, Brownies, Nanaimo Bars* (Schoko-Nuss-Schnitten).

Das Schöne an einem *potluck* ist, dass der Einzelne nur wenig Arbeit hat und man viele neue Gerichte probieren kann. Kein Wunder, dass *potlucks* im kanadischen Alltag so beliebt sind.

Nanaimo Bars sind ein klassisches kanadisches Dessert.

POUTINE

Kalorienreiches Fast Food

Ursprünglich kommt das Kartoffel-Soße-Gericht aus Quebec, mittlerweile bekommt man es in ganz Kanada, und sogar Fast-Food-Ketten haben es im Angebot.

Kein Besuch in Montreal ohne die klassische *poutine*. Eine *poutine* ist vielleicht nicht besonders gesund, aber sie macht auf jeden Fall satt. Es handelt sich dabei um dick geschnittene Pommes Frites, oft doppelt frittiert, die mit *cheese curds* angereichert und Bratensoße übergossen werden. Durch das doppelte Frittieren sind die Kartoffeln innen weich und außen knusprig. Bei den *cheese curds* handelt es sich um Käsebruchstücke, die bei der Herstellung von Cheddar anfallen.

Die *poutine* wird in einem Schälchen serviert, Gabel dazu, fertig. Die kalorienreiche Zwischenmahlzeit schmeckt gut und hat sich mittlerweile in ganz Kanada durchgesetzt. Sie ist perfekt als Snack, weil man sie im Stehen oder unterwegs aus der Hand essen kann.

Es gibt auch Varianten mit Speck oder Rauchfleisch. Aber besonders lecker ist die *lobster poutine,* bei der die Hummerstücke auf die mit heller Soße übergossenen Pommes geschüttet werden (siehe Seite 96).

Lobster Poutine

PRÄRIEPROVINZEN

So weit das Auge reicht

»Wenn der Hund wegläuft, kann man ihn noch drei Tage lang sehen«, ist einer der Sprüche über die Prärieprovinzen. Und in Alberta, Saskatchewan oder Manitoba hat man das Gefühl: Das stimmt.

Genauso weit wie das Land ist der Himmel über diesen Prärien, die *living skies* sind so eindrucksvoll, dass sie sogar als Motto auf den Nummernschildern stehen.

Dabei bestehen die drei Provinzen nicht nur als Flachland. Im Norden von Saskatchewan gibt es Seenketten. Im Osten Albertas liegen die hügeligen Foothills vor den Rocky Mountains, ja sogar ein Teil der kanadischen Rockys gehört zur Provinz. In Manitoba gibt es ebenfalls Wälder, Wasserfälle und Berge, der höchste ist der Baldy Mountain im Duck Mountain Provincial Park mit gut 800 Metern.

Aber bekannt sind die Prärieprovinzen in der Tat hauptsächlich für die großen Flächen mit Rinderzucht, Getreideanbau und Erdölförderung. Besiedelt war die Gegend schon vor den Europäern. Hier haben seit Jahrtausenden Ureinwohner gelebt und sich von den riesigen Bisonherden ernährt (siehe Seite 35).

Mit den Europäern kamen die Rinderherden und der Getreideanbau. Mitte des 20. Jahrhunderts wurde Alberta durch die Erdölförderung reich und aus Calgary ein Finanzzentrum.

Heute sind die meisten Ölvorkommen in Alberta *tar sand,* schwer zu fördernder Ölsand. Die Gewinnung dieses Öls durch Fracking ist umstritten. Hierbei wird mit großen Mengen Wasser und Chemikalien das Bitumen vom Sand getrennt. Zurück bleiben verseuchte Böden und verseuchtes Wasser.

Aber hat die Ölförderung noch Zukunft? Umweltverschmutzung, Klimaschutz, erneuerbare Energien – auch in Alberta wird diskutiert, wie die Wirtschaft der Zukunft aussehen soll.

Flug über Alberta

PRIDE
Kanadischer Stolz

***»Proud to serve the city we love«*, steht auf einem Schild vor einem Café in Vancouver. »Wir sind stolz darauf, der Stadt zu dienen, die wir lieben.«**

Zum einen gibt es in Kanada den *national pride,* den Nationalstolz. Am Canada Day feiert ganz Kanada sich selbst (siehe Seite 46). An diesem Tag ist die kanadische Flagge überall. Aber auch sonst wird sie oft und gerne gezeigt.

Kanadier sind generell stolz auf ihr Land. Darauf, dass Kanada ein liberales Land ist mit Meinungs- und Glaubensfreiheit. Auf ihren Gemeinschaftssinn und ihre Hilfsbereitschaft. Sie sind stolz darauf, Unterschiede anzuerkennen und eine Multi-Kulti-Gesellschaft zu leben.

Auch in der Geschäftswelt gehört *pride* selbstverständlich dazu. Am Arbeitsplatz wird durch Aushänge gezeigt, auf wen oder was man stolz sein kann – gegenüber den Endkunden auf den Webseiten der Firmen.

»*For almost a century, we've proudly offered products and services to help Canadians …*«, beginnt zum Beispiel ein Satz auf der Firmenseite von Canadian Tire, einer großen kanadischen Einzelhandelskette. Sie sind stolz darauf, seit fast einem Jahrhundert Kanadiern ihre Produkte und Dienste anzubieten.

Fast macht es misstrauisch – kann so viel Stolz echt sein?

Es sieht so aus, denn der Stolz gehört in Kanada einfach dazu. In der Stadt Richmond bei Vancouver werden sogar die Sehenswürdigkeiten als *Points of Pride* ausgeschildert.

Schild an einem Prado Café, Vancouver

QUEBEC CITY

Französisches Flair im Osten Kanadas

Die Stadt mit dem französischen Flair liegt am Saint Lawrence River, hat ein attraktives kulturelles Angebot und eine Altstadt, die zum UNESCO-Weltkulturerbe gehört.

Das handgeschriebene Schild vor einer *boulangerie* preist *croissant au beurre* und *brioche* an. In Quebec wird nicht nur Französisch gesprochen, auch der Lebensstil hat französischen Charme. Die Läden sind elegant dekoriert, die Straßencafés voll. Die Sommer in Quebec sind kurz, das muss man ausnutzen, also sitzt jeder gerne draußen.

Die Rue Saint-Jean ist eine belebte Straße in der Altstadt mit Läden, Bistros und Pubs mit *live music.* Drei Québécois setzen sich zu mir an den Tisch, ich frage sie, was sie an ihrer Stadt schätzen. Es ist die Öffnung zum Wasser hin, sagen sie. Man ist nah an der Natur, den

Bergen, es gibt schöne Parks. Und die Stadt ist sicher, sagen die beiden Frauen, man kann nachts alleine unterwegs sein.

Sie schätzen auch die Historie. Immerhin wurde die Stadt am Saint Lawrence River schon 1608 gegründet und ist somit fast 260 Jahre älter als das Land Kanada selbst. Es gibt sogar einen Lebensmittelladen von 1871, die *épicerie* Maison Jean-Alfred Moisan in der Rue Saint-Jean. Nicht nur die Einheimischen schätzen die Stadt. Der Tourismus spielt für Quebec City eine große Rolle. Außer der Altstadt kann man das ehemalige Schlachtfeld Plains of Abraham besichtigen, das Parlament mit seinen prachtvollen Räumen und das Museum of Civilization. Und mit dem Fairmont le Château Frontenac hat Quebec eines der besten Hotels Kanadas als Unterkunft.

QUEEN

Überbleibsel aus der Kolonialzeit

Anfang 2020 verblüfften die britischen Royals Harry und Meghan die Öffentlichkeit mit ihrem Umzug nach Kanada. Aber warum eigentlich nicht? Schließlich ist Harrys Großmutter dort das Staatsoberhaut.

Kanada ist eine parlamentarische Monarchie, Queen Elisabeth das Staatsoberhaupt. Im täglichen Leben spielt es für die Kanadier allerdings keine große Rolle, dass ihrem Staat die Queen vorsteht. Ihr Porträt hängt in den kanadischen Botschaften im Ausland und in den Gemeindesälen im Inland, Mitglieder der königlichen Familie kommen zum Staatsbesuch.

Gelegentlich hält die kanadische Armee, RCR, am Buckingham Palace in London Wache. Das »R« in RCR verrät, wieso: **R**oyal **C**anadian **R**egiment – das königliche Regiment. Genauso wie die RCMP, die **R**oyal **C**anadian **M**ounted **P**olice ist.

Die Queen ist in Kanada durch Gouverneure vertreten. Auf Staatsebene durch einen Generalgouverneur oder eine Generalgouverneurin, in den zehn Provinzen durch Vize-Gouverneure. Die Territorien haben keine Vertretung.

Die Queen als Staatsoberhaupt mag ein Anachronismus sein, aber niemand möchte wirklich daran rütteln. Eine Abschaffung wäre nur durch eine Änderung der Verfassung möglich, der alle Provinzen zustimmen müssten.

Und wer weiß, was das auslösen würde. Womöglich wären neue Unabhängigkeitsbestrebungen in Quebec die Folge. Vielleicht ist es besser, man lässt alles, wie es ist. Zumal die Zugehörigkeit zur Britischen Krone im Alltagsleben keine wirkliche Rolle spielt.

Sitzungssaal des Gemeinderats, Tahsis, Vancouver Island

QUILTS

Altes Kunsthandwerk wird moderne Kunst

Ende des 17. Jahrhunderts reisten 800 junge Frauen aus Frankreich nach Kanada, um dort französische Siedler zu heiraten. Nadel und Faden waren ein wichtiger Teil ihrer Mitgift.

Alles, was die Siedler brauchten, musste mit Schiffen aus Europa gebracht werden. Stoffe und Nähzeug waren immer knapp und alte Kleidungsstücke wurden zu wärmenden Decken.

Ein Patchwork-Decke besteht aus drei Lagen: die aus Flicken zusammengenähte Oberseite, eine einfarbige Unterseite und in der Mitte eine wärmende Einlage.

Es dauert viele Stunden, so einen Quilt herzustellen. Daher trafen sich früher Frauen zu sogenannten *quilting bees.* Auf diesen Treffen arbeiteten die Frauen gemeinsam an einem Quilt mit dem Ehrgeiz, die aufwendige Decke an einem Tag herzustellen.

Und heute? Heute ist Patchwork in Kanada wieder absolut *in.* Aber es gibt mittlerweile viel mehr Werkzeug als nur Nadel und Faden. In Nähgeschäften werden Schneidemesser, Unterlagen mit Maßeinheiten und spezielle Nähmaschinenfüße verkauft. Darüber hinaus gibt es über 60 *quilting blogs,* das *Canadian Quilter Magazine* und Veranstaltungen zu Patchwork im ganzen Land.

Aus einer altmodischen Fähigkeit ist ein beliebtes Hobby geworden. Und manchmal ist es sogar echte Kunst, die im Museum hängt. Ein *art quilt* ist ein Kunstwerk für die Wand.

Zum 150-jährigen Bestehen Kanadas gab es eine »150 Years of Quilting in Canada«-Ausstellung in Ottawa, denn die Kunst des Patchworkens ist ein Teil der kanadischen Geschichte. Genauso wie die *Filles du Roi* ein Teil der französisch-kanadischen Geschichte sind. Ihre Namen stehen auf der Webseite www.talesofourpast.com und können so von ihren Nachfahren gefunden werden.

Kanadische Quilt-Shop-Kette, hier die Filiale in der Fairview Mall in Toronto

106

RAUCHEN IN DER ÖFFENTLICHKEIT

Ein No-Go

Man kann in Kanada Zigaretten, Cannabis, E-Zigaretten kaufen. Die Frage ist nur, wo man überhaupt noch rauchen kann.

Die Gesetze darüber, wo das Rauchen verboten ist, sind komplex und außerdem von Provinz zu Provinz verschieden. Im Grunde kann man es so zusammenfassen: Rauchen ist verboten

- in allen öffentlichen Gebäuden,
- an allen Arbeitsplätzen, das betrifft auch Restaurants und Bars,
- an Schulen,
- in allen Einrichtungen des öffentlichen Verkehrs.

Also im Grunde überall drinnen, außer im eigenen Zuhause. Aber auch draußen haben es die Raucher nicht leicht. Einfach vor die Tür gehen, um sich auf der Straße vor dem Laden, Restaurant oder Hotel eine Zigarette, E-Zigarette oder einen Joint anzuzünden, geht nicht. Je nach Provinz muss man zu Türen, offenen Fenstern und Patios einen Abstand von drei, sechs oder neun Metern einhalten.

Rauchen im eigenen Auto ist ebenfalls verboten, wenn ein Passagier unter 15 beziehungsweise 16 Jahren mitfährt. Und das betrifft nicht nur Autos, sondern auch Schneemobile und Boote, also alle Fahrzeuge mit Motor.

Mit anderen Worten: Ehe man in Kanada irgendwo raucht, sollte man sicher sein, dass es auch erlaubt ist.

Unerlaubtes Rauchen in geschlossenen Räumen kann einige Tausend Dollar Strafe kosten. Ein Verstoß außerhalb ist zwar günstiger, kostet aber immer noch ein paar Hundert Dollar.

BRITISH COLUMBIA
BC Parks

107

RCMP

Royal Canadian Mounted Police

Vancouver, Stadtmitte, am Robson Square: Ein dunkelhäutiger Kanadier geht zu einer weißen Polizistin und fordert sie spontan zu einem Tanz auf. Die Passanten bleiben stehen und schauen zu. Die Polizistin lässt sich darauf ein, und beide tanzen eine Runde.

Diese Szene spielt einen Tag nach dem Tag, an dem es in den USA wieder einmal zu einem brutalen Zwischenfall zwischen Schwarzen und Polizisten gekommen war.

Die Szene auf dem Robson Square ist eine spontane Aktion, entstanden aus einem zufälligen Aufeinandertreffen auf der Straße. Sie zeigt demonstrativ: Wir hier in Kanada sind anders.

Die Polizei hat einen guten Ruf, und wie fast jeder in Kanada sind auch Polizisten normalerweise höflich. Es gibt in Kanada zwei Arten von Polizei. Die RCMP, die nationale Polizei, die im ganzen Land zuständig ist. Und die stadteigene Polizei in den großen Städten.

Die RCMP beziehungsweise ihr Vorläufer, die North West Mounted Police, entstand 1873 in den damaligen Nordwest Territorien. In der Gegend des heutigen Calgary, am Zusammenfluss von Bow und Elbow River, lebten die Blackfoot First Nations. US-Händler tauschten Whiskey gegen Felle und Büffelhäute ein. Um dort für Ordnung zu sorgen, errichtete die NWMP das Fort Calgary, aus dem später die Stadt entstand. Seit 1920 heißt die Polizei RCMP, oft einfach »*Mounties*« genannt.

Der stoische Mountie in der roten Jacke prägt seither das Bild der kanadischen Polizei. Aber im Dienst tragen die Polizisten natürlich normale Uniformen, die rote Jacke ist die Paradeuniform.

Die Polizisten mit den roten Jacken werden sogar in den *gift shops* angeboten: als Schlüsselanhänger und Anstecker, als Figuren mit und ohne Pferd. Man kann sogar Bären und Elche kaufen, die die roten Jacken der RCMP tragen.

Diese RCMP posieren in Fort Langley, BC, für einen Fotografen. Natürlich in Paradeuniform.

RECONCILIATION

Leben mit einer schwierigen Vergangenheit

Das Schicksal der Ureinwohner Kanadas: Zeremonien und Muttersprachen wurden verboten, die Kinder aus den Familien gerissen – der Umgang der Europäer mit den Ureinwohnern ist ein sehr dunkles Kapitel der kanadischen Geschichte, das erst heute langsam in das gesellschaftliche Bewusstsein rückt.

Es hat lange gedauert, bis *reconciliation,* Versöhnung, anfing, in Kanada eine Rolle zu spielen. Von 2008 bis 2015 gab es eine sogenannte Truth and Reconciliation Commission, eine Wahrheits- und Versöhnungskommission, die sich mit dem beschäftigte, was den Ureinwohnern durch die europäischen Siedler angetan wurde. Es heißt oft, dass vor der Versöhnung die Wahrheit steht, die Anerkennung dessen, was geschehen ist, *truth before reconciliation,* daher der Name der Kommission.

Diese Kommission kam zu dem Schluss, dass die zwangsweise Unterbringung der Kinder der *natives* in *residential schools* (siehe Seite 200) ein kultureller Genozid war.

Das Unrecht, das den Ureinwohnern angetan wurde, wird erst jetzt in seinem vollen Umfang wahrgenommen. Immer wieder kommen neue Schrecken ans Licht, manchmal im wahrsten Sinne des Wortes: im Mai 2021 wurden 215 Kinderleichen auf dem Gelände der größten *residential school* des Landes in Kamloops (BC) gefunden.

Immerhin ist *reconciliaton* heutzutage ein ständiges Thema in Kanadas Öffentlichkeit. Es wird versucht, die Fehler der Vergangenheit wieder gutzumachen: In Nunavut ist Inuktitut eine offizielle Sprache und der Unterricht in den Schulen wird zweisprachig gestaltet. Wenn Land Ureinwohnern gehört, wird am Straßenrand mittels Schildern darauf hingewiesen. Orte bekommen ihre alten Namen zurück und und die Ausschilderungen auf dem Highway von Vancouver nach Whistler sind jetzt zweisprachig.

Die anglikanische Kirche hat sich übrigens 1993 für ihr Verhalten entschuldigt und ist seitdem sehr engagiert bei der Wiedergutmachung. Die Kirche hat zu dem Thema eine Informationsschrift herausgebracht: www.anglican.ca/tr/reconciliation-toolkit

Walk for Reconciliation,
Mai 2015 in Ottawa

REGENWÄLDER

Die Lungen der Welt

Sonnenflecken tanzen auf dem Boden, Wasser rauscht und gluckst, und die Wipfel ragen weit hoch in den Himmel

Und selbst an Tagen, an denen Sonnenstrahlen durch Äste, Blätter und Flechten fallen, bleibt es feucht. Es riecht nach nasser Erde, leicht modrig und doch frisch.

Die Regenwälder an Kanadas Küsten sind *temperate rainforests,* also gemäßigte Regenwälder. Das bedeutet, es regnet hier mindestens 2.000 Liter im Jahr, oft mehr. In diesen Wäldern findet man zum Beispiel Sitka-Fichten und Riesen-Lebensbäume.

An den Ästen der Bäume hängen Usnea, lange hellgrüne Bartflechten, auf Englisch auch *Old Man's Beard* genannt. Hier sind Bären, Wölfe und Pumas zu Hause. Der feuchte Boden, Tümpel, Blätter und herabgefallene Äste machen den Wald unzugänglich. In der Nähe von besiedelten Gebieten gibt es daher meist sogenannte *boardwalks,* Holzstege mit Brücken, Treppen und Aussichtsplattformen. So kann man den Wald besichtigen, ohne die Natur zu zerstören.

Der Great Bear Rainforest an der Pazifikküste in BC ist in etwa so groß wie Belgien und gehört zur *Pacific temperate rainforest ecoregion* – den gemäßigten Regenwäldern des Pazifiks. Er ist seit 2016 ein zumindest teilweise geschütztes Gebiet (www.greatbearrainforesttrust.org/geography). Im Great Bear Rainforest regnet es im Jahr im Durchschnitt 6.650 Liter pro Quadratmeter, außerdem lebt hier der seltene Kermodebär, der auch »Geisterbär« genannt wird.

Bei dieser Unterart der Schwarzbären, die nur in diesem Teil von BC vorkommen, werden – je nach spezifischer Region – bis zu 30 % der Tiere mit hellem Fell geboren. Diese Färbung ist auf eine genetische Veränderung zurückführen, die Tiere sind keine Albinos.

Regenwald auf Vancouver Island

110

RESIDENTIAL SCHOOLS

Vernichtung der kulturellen Identität

Kinder wurden aus ihren Familien gerissen und zwangsweise in abgelegenen Internaten beschult. Sie durften ihre Muttersprache nicht sprechen, damit sie »zivilisiert« werden konnten.

Die *residential schools* sind ein dunkles Kapitel der kanadischen Geschichte. In der zweiten Hälfte des 19. Jahrhunderts wurden im ganzen Land Internate gegründet, in die die Kinder der Ureinwohner gebracht wurden.

Die Kinder der First Nations, Inuit und Métis wurden in die abgelegenen »Schulen« gebracht, von denen die meisten von Kirchen geleitet wurden. Das Ziel war, die Kultur und die Sprachen der Ureinwohner zu vernichten. Aus Halbnomaden sollten sesshafte Bauern werden, aus Wilden Zivilisierte, aus Heiden Christen.

Erst in den 1990er-Jahren wurde das ganze Ausmaß der Missstände bekannt: körperliche und psychische Gewalt sowie sexueller Missbrauch waren an der Tagesordnung. Eine hohe Sterblichkeit kam auch dadurch zustande, dass gesunde und kranke Kinder ohne Rücksicht auf Ansteckungsgefahren miteinander unterrichtet wurden. Dabei sei zu bedenken, dass die Ureinwohner gegen manche von den Europäern mitgebrachten Krankheiten keine Immunität besaßen.

Erst 1996 wurde die letzte *residential school* geschlossen. Viele der heutigen Probleme der Ureinwohner wie zum Beispiel Alkoholmissbrauch und Gewalt werden auf die Entwurzelung der Familien und auf die traumatischen Erfahrungen in diesen Schulen zurückgeführt.

Die Regierung hat sich 1998 bei den Ureinwohnern entschuldigt und bemüht sich mittlerweile verstärkt um Versöhnung (siehe Seite 196).

EVERY
CHILD
MATTERS

111

ROCKY MOUNTAINS

Faszinierende Bergwelt

Schneebedeckte Gipfel, türkisblaue Seen und wilde Tiere – die kanadischen Rockies gehören seit 1984 zum Welterbe der UNESCO.

Jeder Tourist hofft natürlich, in den Rockies einen Schwarzbären zu sehen. Aber auch ohne ein Bärenerlebnis sind die Rockies sehenswert. Lake Louise, Moraine Lake, Peyto Lake sind wirklich so kräftig türkisblau wie auf den viel publizierten Fotos. Bei Windstille spiegeln sich die schneebedeckten Gipfel im See. Die Berge wirken unzugänglich – und sind es auch.

Die Rocky Mountains in West-Kanada klingen nach Abenteuer, wobei die meisten der Besucher aus aller Welt sie eher durch *sightseeing* als *outdoor* erleben. Reisegruppen fahren zu den bekannten Stellen, an denen sich die Touristen drängen. Nur wenige zelten noch in der Wildnis; die meisten wohnen komfortabel in *lodges* oder Hotels wie z. B. dem berühmten Chateau Lake Louise oder dem Banff Springs Hotel. Komfort und Luxus mit Blick auf die unberührte Natur.

Fünf Nationalparks liegen in den Rocky Mountains – Banff National Park, Jasper National Park, Kootenay National Park, Yoho National Park und Waterton Lakes National Park. Die ersten vier sind Teil des UNESCO-Welterbes. Außerdem befinden sich in den Rockies mehrere Provincial Parks. Im Gegensatz zu den vom Staat verwalteten National Parks werden Provincial Parks von den jeweiligen Provinzen verwaltet.

Der Icefields Parkway, der als eine der schönsten Fernstraßen der Welt gilt, verbindet Lake Louise und Jasper. Wer sich Zeit nimmt, kann hier kleine Wanderungen machen. So z. B. am Mistaya Canyon, dem Columbia Icefield oder den Athabasca Falls.

Und wer Glück hat, sieht ihn dann doch noch – den Schwarzbären am Straßenrand.

112

RODEO

Reiten wie im Wilden Westen

Den Kopf leicht gesenkt, die Hinterfüße in der Luft – so steht der mächtige Bulle vor dem Börsenturm in *downtown* Calgary. Wild und doch gezähmt, denn er ist aus Bronze.

Die Statue zeigt den Bullen »Outlaw«, den berühmtesten Bullen der Calgary Stampede. 71 Mal wurde er geritten, aber nur ein Mal konnte sich ein Cowboy die vollen acht Sekunden auf dem Bullen halten.

Die Calgary Stampede ist ein Rodeo, das seit 1912 jedes Jahr in Calgary stattfindet. Eine Veranstaltung, die 1,5 Millionen Besucher anzieht. Damit ist dieses Rodeo die größte Freilichtshow der Welt. In der Stampede-Woche im Juli dreht sich zehn Tage lang alles um Rodeo, Pferde und Landwirtschaft. Dann können die Cowboys und -girls zeigen, was sie können. Wer entsprechend gekleidet teilnehmen möchte, findet Westernkleidung bei Lammle's Western Wear in der Stephen Avenue in *downtown.*

Sechs Disziplinen gehören zu dem Rodeo. So zum Beispiel das Westernreiten auf einem buckelnden Pferd. Oder das *tie down roping,* bei dem der Cowboy ein Kalb mit dem Lasso fängt und anschließend zu Boden zwingt.

Beim Bullenreiten werden sowohl Bulle als auch Reiter bewertet. Der Cowboy muss sich acht Sekunden auf dem Bullen halten, wobei eine Hand hoch in die Luft gehalten wird. Der Bulle versucht, den Reiter abzuwerfen, indem er buckelt und die Hinterbeine hoch in die Luft wirft: die Pose, in der »Outlaw« in Bronze verewigt wurde.

Calgary Stampede

Denkmal für Outlaw, Calgary, Alberta

113

RVs

Unterwegs mit Küche und Bad

Einfach losfahren, die Weite Kanadas genießen und spontan entscheiden, wo man übernachten möchte – mit einem Wohnmobil geht dieser Traum in Erfüllung.

RV steht für *recreational vehicle,* und damit kann alles Mögliche gemeint sein. Die RVs, die »Freizeit-Fahrzeuge«, sind in Kanada so vielfältig wie das Land selbst. Vom kleinen silbernen Aluminium-Ei bis zum überdimensionierten Wohnmobil, an dem Fahrräder am Heck hängen und das ein Auto hinter sich herzieht.

15 Prozent der kanadischen Haushalte haben einen RV. Darunter viele *snowbirds,* die mit ihrem RV im Winter in den Süden ziehen (siehe Seite 218). Während der verheerenden Brände in 2017 und 2018 nutzten viele Kanadier nach der Evakuierung ihre Wohnmobile als Notunterkünfte.

Eine Reise im Wohnmobil ist eine gute Art, das große Land kennenzulernen. Es gibt in Kanada viele Anbieter, die Wohnmobile vermieten. Das Schöne: Man muss sich nicht vorher festlegen, wohin man fahren möchte – und wenn es an einem Ort besonders schön ist, bleibt man einfach länger.

Allerdings kann man sein Wohnmobil nicht einfach irgendwo abstellen und übernachten.

Weder auf den Rastplätzen noch auf den Parkflächen der Malls darf man übernachten. Die einzige Ausnahme ist Walmart. Dort werden Wohnmobilie normalerweise geduldet. Es empfiehlt sich aber trotzdem, vor der Übernachtung den Manager zu fragen.

Die einzige ganz legale Möglichkeit sind Campingplätze (siehe Seite 44) – und davon gibt es wahrlich viele.

114

SCHAMANISMUS

Verbindung mit der Welt der Geister

Die junge Frau im Lederkleid zeigt uns eine kleine Schale, in der sie eine Kräutermischung bereitet hat. Es sind die Kräuter, die ihrer Mutter bei einer schweren Krankheit helfen.

Danach tanzt, trommelt und singt sie für uns, während wir im Halbkreis in dem kleinen Pavillon stehen. Das Lied haben die Frauen des Shuswap-Stammes vor einigen Jahren für die Männer geschrieben.

Die junge Frau auf der Hat Creek Ranch in der Nähe von Cache Creek, BC, ist keine Schamanin. Aber das, was sie uns zeigt, trägt Elemente des Schamanismus.

Musik mit Trommeln und Rasseln versetzen Schamanen in Trance. Das Verbrennen von Kräutern, *smudging* genannt, ist ein wichtiges Element. Ebenso wie die *sharing circles* oder *healing circles*. Ein Kreis des Teilens ist ein Zusammentreffen der Seelen, man erlebt etwas gemeinsam. Beim Kreis des Heilens bildet man einen Kreis, um jemandem zu helfen.

Ein Schamane war bei den *First Nations* Heiler, Prophet und Hüter der kulturellen Tradition. Im Indian Act von 1880 wurden alle traditionellen Zeremonien der Ureinwohner verboten. Auch der *potlatch* durfte von den *First Nations* nicht mehr praktiziert werden (siehe Seite 178). 1950 wurde der Bann aufgehoben.

Jetzt, in den Zeiten der Wiedergutmachung, kommt auch der Schamanismus zurück. So wie es auch wieder *potlatchs* und *pow wows* gibt, bei denen in traditionellen Kleidern getanzt und gefeiert wird.

Inzwischen existieren sogar Zentren wie zum Beispiel das Northern Edge Algonquin, in denen man sich zum Schamanen ausbilden lassen kann (www.northernedgealgonquin.ca/shamanism).

SCHULBUS
Unübersehbar, unbequem, unverwüstlich

»Do not pass when red lights flashing«, steht auf dem Heck des gelben Busses, »nicht überholen, wenn die roten Lichter blinken«. Stoppt ein Schulbus, müssen alle anderen Autos halten.

Die Schulbusse mit ihren langen Motorhauben sehen altmodisch aus, sind statistisch aber die sicherste Art für Schüler, in die Schule zu kommen. Dafür sorgen die kanadische Regierung, die Busfirmen und die *school boards* gemeinsam. *School boards* sind die regionalen Schulvertretungen, deren Vertreter in das Amt gewählt werden und die die Schulen verwalten.

Das Schulbus-Gelb ist nicht einfach irgendein Gelb, sondern wurde ausgesucht, da es auffällig ist und früher wahrgenommen wird als andere Farben. An den Seiten der Busse befinden sich außerdem ausklappbare Stoppschilder. Und wenn die roten Lichter blinken, müssen alle Autos halten, oft auch auf der Gegenseite.

Die Busse sind robust konstruiert, die Knautschzone ist groß, so soll die Sicherheit der Schüler garantiert werden. Erstaunlicherweise haben die Busse keine Sicherheitsgurte, was sich absehbar aber ändern könnte. Die Entscheidung, ob Gurte installiert werden, liegt allerdings bei den Busfirmen, Provinzen und Territorien, die auch die Kosten dafür tragen müssen.

SCHOOL BUS
212

116

SEED SAVERS

Bewahrung von Saaten

Auf Denman Island, einer kleinen Insel in der Strait of Georgia zwischen Vancouver und Vancouver Island, gibt es seit zwölf Jahren eine *seed saver group.*

Veronica lebt auf Denman Island und baut in ihrem Garten Gemüse an, das sie auf dem *Farmers' Market* der Insel verkauft. Außerdem züchtet sie *micro greens,* Mini-Salatpflanzen, die wie Kräuter genutzt werden. Und sie tauscht ihr Saatgut mit anderen Bewohnern der Insel.

Aber diese Gruppe ist bei weitem nicht die einzige, die Saatgut züchtet und tauscht. Es gibt in Kanada viele *seed saver groups.* Der Verband Seeds of Diversity hat 1.000 Mitglieder in ganz Kanada.

Aber was ist der Vorteil von *seed saving?* Die Saaten, die die *seed savers* untereinander tauschen, sind keine Hybride und nicht gentechnisch verändert. Darüber hinaus wachsen die Pflanzen oft besser, weil sie schon an die lokalen Böden und Verhältnisse angepasst sind. Außerdem wird so die heimische Artenvielfalt erhalten. Denn: Laut der Seite www.seeds.ca sind mittlerweile 75 Prozent der Nahrungspflanzen verschwunden. Und im Handel sind nicht alle Pflanzen erhältlich. Die *seed savers* machen es wie die Landwirte früher, sie behalten einen Teil ihrer Ernte als Saatgut für das nächste Jahr zurück. Und tragen so zur Erhaltung der Biodiversität bei. Und billiger, als Saatgut zu kaufen, ist es übrigens auch.

Gewächshaus auf
Denman Island, BC

117

SIGN POST FOREST
Schilderwald in Watson Lake

Im Jahr 2042 ist es soweit: Dann wird die Zeitkapsel im Schilderwald von Watson Lake geöffnet.

Begonnen hat alles 1942. Der in Watson Lake stationierte Soldat Carl K. Lindley wurde damit beauftragt, ein Schild zu reparieren. Er ergänzte es um einen Wegweiser zu seinem Heimatort »Danville, Illinois, 2.835 miles«.

Der Beginn eines Trends – Jahr für Jahr kamen seitdem Schilder aus aller Welt dazu. Jetzt stehen hier im *Sign Post Forest* in Watson Lake schon über 77.000 Schilder.

Watson Lake ist eine kleine Stadt mit 1.700 Einwohnern im Yukon. Sie liegt am Alaska Highway auf Meile 635. Der Alaska Highway beginnt mit der Mile 0 in Dawson Creek in British Columbia und führt bis Delta Junction in Alaska, USA. Er wurde während des Zweiten Weltkriegs aus militärischen Gründen gebaut.

Da es auf dem 2.237 km langen Highway hauptsächlich Natur zu sehen gibt, ist der ungewöhnliche Schilderwald zu einer weltbekannten Touristenattraktion geworden.

1992, also 50 Jahre nach der Entstehung, wurde dort in Watson Lake eine Zeitkapsel hinterlegt. Im Jahr 2042 soll sie geöffnet werden.

THE WilliAMS FAMILY TROUPE PRESENTS ALASKA THE LAST GREAT SHOW
CAUTION WATCH FOR SLOW MOVING FARM VEHICLES
Dingelstädt
BRAWLEY, CA.
NORM & SANDY WUYTENS-2009
TEMAGAMI
IRMI-BLACK
Tigertown
JOHN GEHRKE MISSOULA, MT
HRO-N 848
Barb & Doug Mercer
Huizen
GARY & PAT MILLER Yucaipa, CA & Hayden Lake ID June, 2008
5AAZ565
P90 GFT
9-80
7N62793
VDS-528
AUBURN ON
ST. N.
ED & ROBERTA DAWSON
WB7RBN
K7MMS
515-MKG
PRESCO

SKYWALK
Laufen über den Straßen

Schnee, Temperaturen weit unter null Grad und eisiger Wind, der durch die Präriestadt pfeift: In Calgary kann es im Winter so richtig ungemütlich werden.

Zum Glück aber kann man dem Winter in *downtown* Calgary recht einfach ausweichen. Das Piktogramm mit dem Mann mit Hut auf der gelben Treppe zeigt den Weg zum Aufgang des *skywalk networks.* Oben angekommen läuft man durch klimatisierte Gänge und über verglaste Brücken durch die Innenstadt, ohne Kälte, ohne Ampeln, ohne Verkehr.

Insgesamt 18 Kilometer Fußwege durch Gebäude und über 86 verglaste Brücken gehören zum Fußgängersystem in Calgary, das damit eines der größten der Welt ist.

Die *skyways* oder *skywalks* wurden seit den 1970er erbaut, um den Verkehr in der Innenstadt zu entlasten. Die offizielle Bezeichnung »+15 skywalk« ergibt sich aus der Bauhöhe. Die *skywalks* verlaufen 15 *feet* über der Straße, also in etwa 4,5 Metern Höhe. Investoren, die ihre Gebäude an das Skywalk-System anschließen, werden mit Steuerersparnissen belohnt.

Mit ähnlichen Einrichten entflieht man auch in Edmonton und Toronto dem harten Winter, in Toronto und Montreal gibt es Ähnliches auch unter der Erde (siehe Seite 172).

4.7m
5.2m
3 AVE SW

SNOWBIRDS

Rentner & Kunstflieger

Wer in Kanada von *snowbirds* spricht, meint fast immer Rentner, die im Winter Kanadas Kälte gegen südliche Sonne tauschen – mehr als eine halbe Millionen Menschen jährlich.

Ihre Zielgebiete sind warme Regionen wie zum Beispiel Costa Rica, Mexiko, Florida, Texas oder Arizona. Sie sind auch mit dafür verantwortlich, dass die Bevölkerung von Florida in den Wintermonaten um fünf Prozent zunimmt.

Für manche bringt es nicht nur klimatische, sondern auch steuerliche Vorteile. Wer sich länger als 182 Tage in den USA aufhält, unterliegt der Einkommenssteuer der USA. Da lohnt es sich durchaus, für einige Monate in einen der US-Staaten mit niedriger Besteuerung zu ziehen.

Die *snowbirds* haben 1992 einen gemeinnützigen Verein gegründet,

die Canadian Snowbird Association. Der Verein mit dem Untertitel *»The Voice of Travelling Canadians«* (Die Stimme der reisenden Kanadier) kümmert sich um die Rechte der Reisenden, bietet die erforderlichen Steuerformulare an und vermittelt Reiseversicherungen.

Für die USA sind die Langzeiturlauber ein finanzieller Vorteil. Daher wird dort demnächst darüber entschieden, ob kanadische Rentner in Zukunft acht statt wie bisher sechs Monate in den USA bleiben können. Name des Gesetzes: Canadian Snowbirds Act.

Nichts mit diesem Gesetz zu tun hat eine zweite Art von kanadischen Schneevögeln: Die Kunstfliegerstaffel der Royal Canadian Air heißt zwar mit offiziellem Namen »431 Air Demonstration Squadron« – aber besser bekannt sind die Kunstflieger als *snowbirds.*

120

SPIRIT ISLAND

Die Kodak-Apple-Werbeinsel

Was bringt Touristen dazu, zwei Stunden mit dem Boot über einen See zu fahren, um eine Insel zu sehen, die sie nicht betreten dürfen?

Spirit Island, die »Geister-Insel«, liegt am südlichen Ende des Maligne Lake im Jasper National Park. Es ist die Gegend, in der die Stoney Nakoda First Nations seit Jahrhunderten leben.

Der See ist 22 Kilometer lang und umgeben von den spitzen Gipfeln der Queen Elizabeth Range. Das Wasser des Sees schimmert türkisgrün, je näher man der Insel kommt, desto intensiver wird die Farbe. Man kann diesen Ort nur mit dem Boot erreichen.

Laut einer Legende traf sich auf dieser Insel ein junges Liebespaar. Da ihre Stämme miteinander verfeindet waren, verbot der Vater dem Mädchen, den Jungen weiter zu treffen. Der Junge aber kam immer wieder. Eines Tages starb er auf der Insel, sein Geist soll immer noch dort sein.

Berühmt wurde die Insel dadurch, dass Kodak 1960 ein Foto von Spirit Island als Werbung im Grand Central Terminal in New York verwendete. 2014 nutzte Apple ein Foto der Insel zur Präsentation seines iPads.

Heutzutage kommen Besucher aus der ganzen Welt, um eine der meistfotografierten Inseln ganz Kanadas zu sehen. Sie fahren eine Dreiviertelstunde mit dem Boot über den See, um in direkter Nähe von Spirit Island an Land zu gehen. Die Insel selbst ist je nach Wasserstand oft nur eine Halbinsel und darf nicht betreten werden. Nach einer Viertelstunde und vielen Fotos ist der Ausflug beendet und führt mit dem Boot zurück zum Ausgangspunkt.

SPRACHEN

Neues Bewusstsein für alte Sprachen

Viele Sprachen der Ureinwohner sind vom Aussterben bedroht. Heute erleben sie ein Revival.

Wie klingen eigentlich die Sprachen der Ureinwohner? Wer möchte, kann sich im Royal BC Museum in Victoria auf 34 Sprachen der Ureinwohner begrüßen lassen. Und zwar in der Abteilung *»Our Living Languages«* (Unsere Lebendigen Sprachen), gleich am Eingang zu der Ausstellung *»First Peoples Galleries«*, die ganz der Geschichte und Kultur der Ureinwohner gewidmet ist (www.royalbcmuseum.bc.ca). Für europäische Ohren sind es sehr ungewohnte Klänge.

Insgesamt gibt es in Kanada 60 Ureinwohnersprachen, von denen viele nur noch von wenigen Tausend Menschen gesprochen werden. Das Verbot der Muttersprache in den *residential schools* hat entscheidend dazu beigetragen,

diese Sprachen fast auszurotten (siehe Seite 200). Neuerdings versucht man, diese Sprachen zu retten.

Die Ureinwohnersprachen mit den meisten Sprechern sind Ojibwe, Cree und Inuktitut. Für sie gibt es mittlerweile sogar Kinder- und Lehrbücher. Da es sich um rein gesprochene Sprachen handelt, musste eine Schrift allerdings erst entwickelt werden.

Die alles verbindenden Sprachen in Kanada sind Englisch und Französisch, die gleichzeitig die Amtssprachen sind. Hinzu kommen die Sprachen der vielen Einwanderer von Panjabi über Deutsch bis Tagalog.

Das Fördern der Ureinwohnersprachen, die Beibehaltung der Muttersprachen der Einwanderer und die nationale Doppelsprachigkeit aus Englisch und Französisch trägt mit bei zum kanadischen Mosaik, zu der Vielfalt, auf die die kanadische Gesellschaft so stolz ist (siehe Seite 60).

122

STREET MARKETS

Volle Straßen, bunte Stände

Im Stadtviertel Plateau Mont Royal in Montreal an einem Samstag im August: Die Menschenmenge ist so dicht, dass man kaum die Stände am Straßenrand sieht. Hier gibt es einfach alles, von Kleidung bis zu Kaffee und Kuchen.

Dieser Straßenmarkt in Mont Royal ist nicht der einzige in der Stadt. Straßenmärkte, Flohmärkte, Basare – der Markt als Ereignis und Treffpunkt gehört in Kanada dazu und ist viel mehr als eine Einkaufsmöglichkeit. Natürlich findet man hier lokales Kunsthandwerk mit dem üblichen Angebot an Kerzen, Ledertaschen und bunten Kleidern. Dazu handgemachten Schmuck und abgedrehte Hüte. Und selbstverständlich kann man hier auch selbstgemachte Marmeladen, Bio-Produkte und handgemachte Seifen kaufen.

Aber so ein Markt oder Basar ist auch ein Gemeinschaftsereignis. Die ganze Familie ist unterwegs. Freunde treffen sich. Auf dem Markt trifft man Bekannte, bleibt kurz stehen, sagt Hallo, erfährt den neuesten Klatsch und Tratsch.

Manchmal ist der Straßenmarkt auch Teil eines anderen Events, wie zum Beispiel auf der Coombs Fair, der jährlichen Landwirtschaftsausstellung in Coombs auf Vancouver Island. Dort gibt es nicht nur die Stände mit Essen und Kunsthandwerk, sondern auch eine Nutzvieh-Ausstellung und verschiedene Reitvorführungen.

So ein Straßenmarkt kann winzig klein sein wie der am Canada Day in Port McNeill, einer 2.000-Seelen-Gemeinde im Norden von Vancouver Island – oder riesig, unübersichtlich und überfüllt wie der *street market* am Mont Royal im August.

BISTRO
CACAO 70
Bistro
CACAO 70
929
JARDIN

SURFEN

Hohe Wellen, kaltes Wasser

Die Surfer-Szene hat Tofino verändert. Aus dem kleinen Küstenort an der Westküste von Vancouver Island ist ein weltweit bekannter Surf-Hotspot geworden.

Die Highway 4 auf Vancouver Island ist die längste Ost-West-Verbindung der Insel. 164 kurvenreiche Kilometer sind es von Qualicum Beach nach Tofino, für die man mindestens zweieinhalb Stunden rechnen sollte. Bei gutem Wetter.

Der kleine Ort am Ende der Landzunge hat knapp 2.000 Einwohner. Es gibt Jachthäfen für Boote und Wasserflugzeuge. Seit vielen Jahren ist Tofino ein beliebter Ausgangspunkt für Bären- und Walbeobachtung. Seit der Ort 2009 einer der Austragungsorte für den

O'Neill Coldwater Classic war, gehören in Tofino auch Surfer zum Straßenbild. In den Shops hängen die entsprechenden bunten Klamotten. Es gibt Läden, in denen man Surfboards kaufen oder leihen kann, und einen Shuttle, der Tofino mit den nahegelegenen Stränden verbindet.

Der kleine Bus startet im Ort und fährt über Chesterman Beach bis Cox Bay, zwei der Surfspots von Tofino. Der Shuttlebus ist umsonst, Surfboards können natürlich mitgenommen werden.

Tofino ist der bekannteste, aber nicht der einzige Surfort in Kanada. Auch in Nova Scotia an der Ostküste gibt es Surfmöglichkeiten. Sogar in Montreal, Quebec, liegt ein bekannter Spot: Habitat 67 am Saint Lawrence River.

Surfer am Strand von Tofino, Vancouver Island

TAX
Nettopreise

Pfennigfuchser sollten in Kanada am besten mit einem Taschenrechner einkaufen gehen. Der ausgezeichnete Preis ist nämlich der Nettopreis, auf den noch Steuern aufgeschlagen werden.

Und davon gibt es direkt zwei: Zum einen die *Provincial Sales Tax (PST),* die Provinzsteuer, die in jeder Provinz unterschiedlich ist und zwischen null Prozent in Alberta und fast zehn Prozent in Quebec beträgt. Hinzu kommt die *Goods and Services Tax (GST),* die allgemeine Steuer für ganz Kanada, von fünf Prozent. In fünf Provinzen sind diese beiden Steuern als *Harmonized Sales Tax (HST)* zusammengefasst: 13 Prozent in Ontario und 15 Prozent in den anderen vier Provinzen.

Wer es genau wissen will, für den wird ein Einkauf schnell zu einer Reihe von Rechenaufgaben.

Denn wenn ein *lb,* ein Pfund, Blaubeeren sieben Dollar kostet, was kostet dann das Kilo? Mehr als man im ersten Moment denkt, denn erstens wiegt das kanadische Pfund nur circa 454 Gramm und zweitens kommen noch die beiden Steuern von insgesamt ca. 15 Prozent dazu. In Summe liegt das Kilo dann bei rund 17,75 Dollar.

Auch im Restaurant wird es teurer, als man beim ersten Blick auf die Speisekarte vermutet. Hier kommt nicht nur die Steuer zum ausgeschriebenen Preis dazu, sondern auch noch das Trinkgeld, das in Kanada fest als Teil des Restaurantbesuches eingeplant werden muss und mindestens 15–20 Prozent des Rechnungsbetrages ausmacht. Diese Selbstverständlichkeit hat den einfachen Hintergrund, dass das Trinkgeld einen nicht unerheblichen Teil des Einkommens des Personals ausmacht (siehe Seite 246).

Der Einfachheit halber kann man also davon ausgehen, dass das Essen rund 30 Prozent mehr kostet als auf der Speisekarte steht.

1 CENT
1976
CANADA
5 CENTS
CANADA
1972
10 CENTS
CANADA
2 DOLLARS

125

THANKSGIVING

Erntedankfest in Kanada

Der Feiertag wird auch *Canadian Thanksgiving* genannt, um ihn von dem gleichnamigen Anlass in den USA zu unterscheiden, der an einem anderen Tag gefeiert wird.

Traditionell versammelt sich die Familie an diesem langen Wochenende im Oktober zu einem gemeinsamen Essen, entweder am Sonntag oder am Montag. Serviert wird der traditionell im Ofen gebratene Truthahn mit *stuffing*. Dazu Kartoffelbrei, dicke braune Braten- und fruchtige Cranberrysoße. Als Beilagen werden Herbstgemüse wie Maiskolben, Kürbis oder Rosenkohl gereicht. Das *stuffing*, die Füllung, besteht aus einer Masse aus Brotwürfeln, die mit Hühnerbrühe, Zwiebeln, Sellerie, Butter, Salz und Pfeffer gewürzt wird. Die Mischung wird im Truthahn mit geschmort.

Canadian Thanksgiving, an dem man für die Ernte des Jahres dankbar ist, wurde von den Engländern und Franzosen nach Kanada gebracht. Seit 1879 ist es ein Feiertag, seit 1957 immer am zweiten Montag im Oktober.

In den Atlantikprovinzen, also in New Brunswick, Newfoundland and Labrador, Nova Scotia und auf Prince Edward Island ist es ein optionaler Feiertag. Im Rest des Landes ist *Thanksgiving* ein staatlicher Feiertag.

THRIFT STORES

Spenden statt wegwerfen

Vom Blazer bis zum Brautkleid, vom Teller bis zur Terrine – in einem *thrift store* findet man fast alles, und das zu unschlagbar günstigen Preisen.

Eine gut gekleidete Frau begutachtet mit Kennerblick die Blusen auf dem Ständer. Eine junge Frau blättert in alten Ausgaben von *Canadian Living*, einem Magazin mit vielen Rezepten. Ein Kind steht vor dem Tisch mit Spielzeug.

Die Spiele kosten nur ein paar Dollar. Die Bücher sind nach Genre sortiert und kosten ein paar Cent, die Elektrogeräte gibt es für zehn oder zwanzig Dollar.

In jedem Ort in Kanada, der wenigstens ein paar Läden hat, findet man auch mindestens einen *thrift store*, einen Laden, der Gebrauchtes verkauft. Viele der *thrift stores* werden von der Salvation Army, der Heilsarmee, organisiert.

In einem kanadischen Haushalt wird Altes, Gebrauchtes oder Überflüssiges nicht weggeworfen, sondern gespendet. So haben auch Menschen mit geringem Einkommen eine gute Möglichkeit, sich einzukleiden und einzurichten. Aber auch Besserverdienende kaufen durchaus in einem *thrift store* ein. Ihnen geht nicht so sehr darum, Geld zu sparen, sondern ein Schnäppchen zu machen oder womöglich etwas Wertvolles weit unter Preis zu finden.

Ein Einkauf in einem *thrift store* hat daher oft etwas von einer Jagd. Die erhoffte Beute könnte eine fast neue Kaffeemaschine für fünf Dollar sein, ein edles Designerkleid, ein vergriffenes Gartenbuch, ein Set geschliffene Weingläser oder eine antike Teekanne.

THRIFT STORE
THE SALVATION ARMY
7155-38 ST.
CLOTHING FOR THE ENTIRE FAMILY
40% OFF
40% OFF
Sweaters
Jeans
Dress Pants
Books
Toys

TIM HORTONS

24 Stunden Donuts

Für viele Kanadier gehört Tim Hortons zu Kanada wie Ahornsirup, Eishockey und Bären.

Bestellt wird an der Kasse. An der Wand hängt die Karte: Suppen, Sandwichs, *wraps*. In den Vitrinen liegen in Reih und Glied die Kuchen und machen einem die Auswahl schwer. *Chocolate Dip, Honey Dip* oder *Maple Dip*? Oder soll es ein Donut ohne Loch sein gefüllt mit *Boston Creme* oder *Rasperry Jam*? Gut sind auch die *Apple Fritter*. Wer sich nicht entscheiden kann, kauft am besten eine Box mit verschiedenen Tim-Bits, den kleinen süßen Kuchenkugeln.

Wo würden die Kanadier ihren Kaffee trinken und ihre Donuts essen, wenn es Tim Hortons nicht gäbe? Die Frage stellt sich nicht. Von Prince Rupert im Westen bis St. John's im Osten, von Windsor im Süden bis Iqaluit im Norden – Tim Hortons gibt es in Kanada in jedem größeren Ort.

Für viele Kanadier ist die einst vom Hockeyspieler Tim Horton gegründete Fastfood-Kette so etwas wie eine kanadische Ikone, obwohl es schon lange kein rein kanadisches Unternehmen mehr ist.

Aber trotzdem – für viele Kanadier gehört der Besuch bei Tim Hortons einfach dazu. Wer wenig Zeit hat, fährt durch den *Drive Thru,* bestellt an der Sprechsäule und lässt sich das Gewünschte ein paar Meter weiter ins Auto reichen. Im Laden selbst wuseln die Angestellten in Uniform und bereiten die Sandwichs frisch zu, packen Donuts ein und füllen Kaffee in Becher.

Aber nicht immer ist alles Freude, Friede, Donuts – nach der Erhöhung des Mindestlohns in Ontario strichen die Tim-Hortons-Erben den Angestellten die bezahlten Pausen und andere »Vergünstigungen«. Bei vielen Kanadiern ist Tim Hortons im Ansehen gesunken, der gute Ruf der kanadischen Ikone hat Risse bekommen.

Tim Hortons Filiale in Mississauga nahe Toronto

TORONTO

Multikulti, Film und Business

Hat Toronto sich in den letzten Jahren verändert? Ja, sagt der Taxifahrer, es hat sich stark verändert und ändert sich immer noch sehr schnell.

Die Frau an der Ampel hat knallrote buschige Haare, gebändigt von einem Tuch mit Piratenköpfen. Ein paar Meter weiter läuft eine dunkelhäutige Passantin mit Wespentaille in einem knallengen knallgelben Rock mit langen lila Haaren. Eine andere Passantin trägt ihr Haar zu Hälfte schwarz, zur Hälfte weiß. Nichts davon erregt Aufsehen auf den Straßen von Toronto.

Toronto ist Multikulti – über 250 Ethnien leben hier. Es gibt Chinatown, Koreatown, Little Italy und Little Portugal. In diesen Vierteln findet man die entsprechenden Restaurants und Läden, alles ist zweisprachig. Und im Kensington Market wohnen Menschen aus vielen Ländern zusammen. Auch in der Innenstadt unterscheiden sich die Viertel. Hochhäuser mit Glasfronten im Business District und Restaurants und Kunstgalerien im Destillery District. In der Gegend um die Church Street gibt es die größte *gay community* Kanadas.

In einer Straße parken Oldtimer, Frauen in 50er-Jahre-Kleidung überqueren die Straße. Einige Passanten bleiben stehen, schauen zu. Es wird für eine Serie gefilmt. Auch das ist in Toronto nicht ungewöhnlich. Toronto ist Filmstadt, gehört zu den meist gefilmten Städten der Welt und veranstaltet das Toronto International Film Festival (TIFF). Zu den Sehenswürdigkeiten gehören natürlich auch der CNN Tower, die Yonge Street mit Geschäften und Restaurants und für Sportinteressierte die Hockey Hall of Fame am Brookfield Place.

City Center, Toronto

129

TOTEMS

In Holz geschnitzte Geschichten

Der gelbe Schnabel ist mächtig, die Flügel sind weit ausgebreitet. Der vielfarbige Vogel steht auf einer Figur mit grünen Augen. Diese hält ein Rechteck in den Händen.

Die beiden Figuren sind Elemente eines Totempfahls auf dem alten Friedhof von Alert Bay, einer kleinen Insel der Johnstone Strait nördlich von Vancouver Island. Der Friedhof liegt mitten im Dorf an der Front Street, ein Schild bittet darum, ihn nicht zu betreten, sondern die Totempfähle von der Straße aus zu betrachten.

Einer der *totems* ist sogar von Mungo Martin. Mungo Martin gilt als *carver of the century*, als Schnitzer des Jahrhunderts. Seine Pfähle stehen unter anderem auch vor dem Royal BC Museum in Victoria.

Doch Totempfähle stehen nicht nur auf Friedhöfen, sie haben verschiedene Funktionen. Früher bei den Ureinwohnern standen *Welcome poles* zur Begrüßung am Strand, so wie heute wieder in Yuquot, dem ehemaligen Friendly Cove auf Vancouver Island, eine Willkommensfigur steht.

Mortuary poles, haben ein großes Frontbrett, hinter dem ursprünglich ein Kasten mit menschlichen Überresten angebracht war, eine Art Begräbnis-Totempfahl.

House poles waren dekorativerer Natur und schmückten das Innere von Häusern.

Totems erzählen Geschichten, aber es ist nicht immer einfach, ihre Bedeutung zu entschlüsseln, obwohl wiederkehrende Elemente verwendet werden. Wie zum Beispiel Dzunukwa, die wilde Frau der Wälder, oder Tiere wie Lachse, Adler und Bären (siehe Seite 62, Seite 24 und Seite 124).

Bei dem Vogel auf dem Totempfahl in Alert Bay handelt es sich um einen Thunderbird, einen Donnervogel. Das Rechteck ist eine Kupferplatte. Diese *coppers* galten als Zeichen für Geld und Wohlstand. So wurden sie zum Beispiel auch bei *potlatchs* verschenkt, die bei der Errichtung von *totem poles* veranstaltet wurden (siehe Seite 178).

TOURISMUS

Lebendige Städte und grandiose Natur

Die Schlange ist lang, aber alle warten geduldig. Eine schmale Brücke über dem Canyon führt zu einer kleinen Plattform mit einem Eingang im Felsen.

Während wir auf der Brücke warten, spüren wir das Nass auf der Haut. Das Wasser im Canyon tobt und zischt, die Tropfen spritzen hoch. Es geht langsam voran. Nur zwei Besucher passen in die kleine Höhle, und wer sie einmal erreicht hat, lässt sich Zeit. Durch einen Ausguck in der Höhle hat man einen tollen Blick auf das Wasser, das kraftvoll durch den Johnston Canyon rauscht.

Tourismus ist ein wichtiger Wirtschaftsfaktor in Kanada, der mehr als 10 Prozent der Arbeitsplätze ausmacht.

Natürlich gibt es auch Abenteurer, die sich weit in die Wildnis begeben, auf dem Yukon River pad-

deln oder den Nootka Trail laufen. Aber die meisten Besucher wollen das Übliche sehen: die großen Städte und die gewaltige Natur. Die berühmten Nationalparks. Die weltbekannten Niagara Falls. Spirit Island im Maligne Lake. Und natürlich den türkisgrünen Lake Louise im Banff National Park.

Kanada ist das zweitgrößte Land der Welt, doch weite Teile des Landes sind schwierig oder gar nicht zugänglich. Also fährt jeder Besucher an die Orte, die leicht erreichbar sind. Und trägt so mit dazu bei, dass sich dort Menschenmengen drängeln.

Wir warten insgesamt zwanzig Minuten auf der schmalen Brücke im Johnston Canyon, einer bekannten Schlucht im Banff Nationalpark, um einen Blick durch das Loch im Felsen zu werfen. Es ist in der Tat ein großartiger Anblick.

Sommer am Lake Louise, Alberta

TRAILER PARKS

Besser als ihr Ruf?

In vielen kanadischen Orten gibt es ein Viertel, in dem die Einwohner in Mobilheimen oder Wohnwagen wohnen. Nicht vorübergehend, sondern als Dauerwohnsitz.

Es gibt viele Vorurteile über die *trailer parks*, die Wohnwagensiedlungen. *Trailer parks* werden immer mit *low income*, also einem geringem Einkommen, und niedrigem sozialen Status in Verbindung gebracht. Die Bewohner leben am Rande der Gesellschaft, von Gelegenheitsarbeiten und von der Wohlfahrt.

Trailer Park Boys ist eine kanadische Comedyserie, eine sogenannte *Mockumentary*, also eine fiktive Dokumentation. Die Sendung spielt in

einer Wohnwagensiedlung in Nova Scotia und läuft erfolgreich seit fünfzehn Jahren. Sie erzählt Geschichten aus dem Alltag am unteren Ende der sozialen Leiter, dem Kampf, das Leben in den Griff zu bekommen, aber auch von Zusammenhalt und Freundschaft. *Trailer Park Boys* hat das Klischee über die Wohnwagensiedlungen noch verstärkt.

Aber es gibt auch *trailer parks,* in denen die Mobilheime geräumig und gepflegt sind mit hübschen Vorgärten und Anwohnern, die dort jahrzehntelang zufrieden wohnen. Ihr Leben hat nichts mit dem der *Trailer Park Boys* zu tun, sondern ist oft schlicht eine günstige Alternative zum teuren Wohnen in den Städten.

Trailer Park in Kamloops

TRAILS

Pfade in der Wildnis

Zu Fuß durch Kanada? Ja, das ist möglich. In dem riesigen Land gibt es 278.000 Kilometer *managed trails.*

Ein schmaler Pfad führt durch den Regenwald, gerade mal breit genug für eine Person. Es riecht nach Moos und feuchtem Laub. Man geht hintereinander und hofft, dass einem kein Bär oder Berglöwe entgegenkommt.

Überall in Kanada gibt es solche *trails,* unbefestigte Wege in der Wildnis. Es können kurze Rundwege durch den Regenwald sein, Wanderwege in den Bergen oder kilometerlange Verbindungen. So wie The Great Trail, der ehemalige Trans Canada Trail. Dieser *trail* ist ein Netzwerk aus 24.000 Kilometern von Pfaden und Wasserwegen.

Viele *trails* in der Wildnis sind durch die Benutzung von Tieren oder Menschen im Laufe der Zeit entstanden. Andere wurden extra angelegt.

Organisationen oder Vereine halten sie instand, es sind sogenannte *managed trails.* Fällt ein Baum über einen Weg, wird nur der Teil entfernt, der den *trail* einschränkt. Der Rest bleibt liegen, damit die Landschaft naturbelassen bleibt.

Nicht nur Wanderer benutzen die *trails.* Auch *ATVs,* spezielle Quads für den Nutzeinsatz, oder Schneemobile nutzen sie. Mit Ausnahme des Great Trails, denn dort sind *ATVs* verboten.

Trail am Opabin Lake,
Yoho National Park

TRINKGELD

Die Kunst des Tippens

Trinkgeld im Restaurant ist keine Verpflichtung, ist aber üblich und wird erwartet.

In Restaurants wird ein Trinkgeld von 15–20 % erwartet. Etwas weniger ist möglich, wenn der Service schlecht war. Bei Zufriedenheit darf es auch mehr sein. Für Kellner und Kellnerinnen ist es ein Teil ihres Einkommens, mit dem sie ihren Lohn aufstocken und der als normaler Verdienst versteuert wird. Die meisten Kellner und Kellnerinnen verdienen nur den Mindestlohn und sind daher auf das Trinkgeld angewiesen. Die letztendliche Höhe richtet sich allerdings natürlich auch nach der Zufriedenheit mit dem Service.

Normalerweise kommt die Bedienung ein paar Mal an den Tisch um sicherzugehen, dass der Gast zufrieden ist. Sie nimmt die Bestellung entgegen, schenkt Wasser oder Kaffee nach und fragt, ob alles in Ordnung ist.

Dafür erwartet sie ein Trinkgeld von mindestens 15 Prozent, bei großer Zufriedenheit sollten es eher 20 Prozent sein. Der Betrag bezieht sich auf den Nettobetrag der Rechnung, also vor Aufschlagen der *tax*, der Steuer. In kleineren Städten sind die Trinkgelder eher etwas niedriger, in der Provinz Quebec generell etwas höher.

Aber was ist mit kleineren Summen, wie zum Beispiel beim Bier in der Bar? Hier gilt die Faustregel von einem Dollar pro Getränk.

Auch das »Wie« ist ganz einfach: Bei Kartenzahlung hat man auf dem Lesegerät die Möglichkeit, den *tipp* hinzuzufügen. Man kann zwischen Summe und Prozent wählen und dann den entsprechenden Wert eingeben. Bei größeren Gruppen schlagen Restaurants oft automatisch ein Trinkgeld von 18 Prozent auf, das dann auf der Rechnung ausgewiesen wird.

Tipps sind übrigens überall üblich, nicht nur in der Gastronomie. Das heißt, auch Taxifahrer, Hotelangestellte und Kofferträger erwarten ein Dankeschön in Form von Geld.

TRUCKS

Coole Trucks wie im Hollywood Film

J. zählt stolz die Vorteile seines neuen *trucks* auf. Dann zeigt er auf den alten Tiefkühllaster, mit dem er bisher die Transporte gemacht hat. Dessen *safety features* sind schnell genannt: Bremsen und Sicherheitsgurte. Die Aufzählung für den neuen Truck ist mehrere Seiten lang.

J. fährt zweimal in der Woche in die 155 Kilometer entfernte Stadt, wo er mit seinem Pick-up plus Anhänger die Bestellungen holt. Es handelt sich um Lebensmittel für die Einwohner und Bestellungen für die *lodges* oder den Jachthafen. Firmen und Dorfbewohner nehmen den Service gerne in Anspruch, schließlich erspart es ihnen 310 Kilometer Fahrt und einen Tag auf der Straße.

Jede Dose Bohnen, jeder Tiefkühl-Hamburger, jede Flasche Ketchup, die in abgelegenen Gegenden im Supermarkt steht, muss irgendwie dorthin gelangen. Das geschieht kanadaweit durch den Transport mit riesigen *trucks*. Die Laster mit der großen Motorhaube sind bis zu 23 Meter lang und 40 Tonnen schwer. Die silbernen, roten und dottergelben Zugmaschinen mit den Anhängern gehören in Kanada zum Straßenbild, ohne sie wäre die Versorgung des riesigen Landes gar nicht möglich.

Noch immer umgibt ein Mythos die Fahrer, die Hunderte von Kilometern durch das Land fahren. Tagelang. Es gibt zwar auch einige Frauen am Steuer der *trucks,* mit Abstand dominiert wird dieser Beruf aber von Männern.

J. mit seinem Pick-up macht zwar nur eine Tagestour, aber sein Service macht das Leben in dem abgelegenen Dort für alle etwas einfacher.

202
3911-6P

T-SHIRTS
Life is good

Ein Blick in einen der vielen Souvenirshops und die Frage drängt sich auf: Wer will diese ganzen bedruckten T-Shirts, Sweatshirts und Baseballkappen eigentlich haben?

Anscheinend jeder. Kanadier genauso wie ausländische Touristen, einfach jeder, denn sonst würden ja nicht überall – und zwar wirklich ÜBERALL – diese Mengen an T-Shirts angeboten werden. Gefolgt von Sweatshirts, Fleecejacken und Baseballkappen. Alle mit Motiven, Sprüchen oder Logos. Jedes *resort,* jede *lodge,* jede Marina hat ihre eigenen T-Shirts. Genauso wie jede Stadt und jeder noch so kleine Ort von Alert Bay, BC bis Zyphir, ON.

Außerdem gibt es T-Shirts mit Walen, Bären und Adlern. Mal realistisch abgebildet, mal als traditionelles Motiv der Ureinwohner. Dazu T-Shirts mit schlauen Sprüchen oder dummen Witzen – zum Beispiel ein Shirt, auf dem ein Bär eine Person jagt, sehr effektvoll in den kanadischen Farben Rot auf Weiß:

Canadian Fast Food

Made in Canada

Canada kicks ass

Canada the true north strong and proud

Die Liste ist lang. Manchmal wird auch schlicht und einfach nur die kanadische Flagge abgebildet.

Selbst Kinder werden in Worte gekleidet: *»Future«* steht auf der Rückseite eines etwa dreijährigen Jungen. *»Forget princess I want to be a scientist«* auf dem T-Shirt eines zehnjährigen Mädchens – »Vergiss die Prinzessin, ich will Wissenschaftlerin werden.« Und das T-Shirt eines Mannes in mittleren Jahren verkündet: *»Life is good.«*

Bei so viel Auswahl ist wirklich für jeden das passende T-Shirt dabei. Und wem das zu viel ist, der kann ja eine Baseballkappe kaufen.

Mt. Robson, BC
©PerDesign
Canadian Take-Out!

UNDER THE SUN
MOOSEHEAD

USA

Nachbarn im Norden und Süden

Lieber zu Tim Hortons als zu Starbucks, keine Waffen im Haus und Gesundheitsversorgung für jeden – das ist Kanada.

Beide Länder, USA und Kanada, liegen in Nordamerika, beide sind riesig. Beide haben – zumindest in Grenznähe – ein ähnliches Klima und ähnliche Landschaften. Sogar die Städte sehen sich ähnlich. Und doch gibt es große Unterschiede zwischen beiden. Und auf diese Unterschiede ist man in Kanada sehr stolz.

Jeder Kanadier hat Anspruch auf eine Gesundheitsversorgung, der Beitrag ist günstig, in manchen Provinzen ist die Versorgung sogar kostenlos. Vielleicht mit ein Grund dafür, dass die Lebenserwartung in Kanada höher ist als in den USA.

Man kann in Kanada auch nicht mal so eben im Laden eine Waffe erwerben wie in den USA. Und politisch bemüht sich Kanada um Wiedergutmachung für das Unrecht, dass den Ureinwohnern angetan wurde (siehe Seite 196). Auch für die Integration von Immigranten wird viel getan.

Der Unterschied ist sogar in der kanadischen Presse spürbar. Während die US-Nachrichten sehr auf das Nationale und Lokale konzentriert sind, gibt es in Kanada eine globale Berichterstattung.

Mit seinem größten Nachbarn teilt Kanada eine 8.890 Kilometer lange Landesgrenze. Es ist die längste nicht militarisierte Grenze der Welt.

Aber die USA sind nicht die einzigen Nachbarn. Auch Frankreich und Dänemark sind Nachbarn. Durch die französischen Inseln Saint Pierre und Miquelon, die 25 Kilometer vor Newfoundland liegen. Und das zu Dänemark gehörende Grönland vor der Küste Kanadas im Norden.

Grenze Kanada-USA auf der Strecke von Carcross nach Skagway

VANCOUVER

Wasser, Berge und internationales Ambiente

In Vancouvers Restaurants kann man sich einmal um die Welt essen, ohne die Stadt zu verlassen.

Was für eine Stadt – der Himmel scheint weiter zu sein als anderswo, das Klima ist mild, das Leben und Treiben für eine Großstadt entspannt. Vancouver liegt am Wasser und in der Nähe der Berge. In der Natur wandern, Ski fahren, Kajak fahren – hier ist alles in direkter Nähe möglich.

Selbst in der Innenstadt Vancouvers kann man Boot fahren. Es gibt einen Jachthafen, Kanuten und Kajakfahrer trainieren im False Creek, und die kleinen Fährboote des Aquabus Creek verbinden Granville Island mit dem Museum Science World.

Beides lohnt einen Besuch. Granville Island für das tolle Gourmet-, Obst- und Gemüseangebot im Public Market sowie die Läden und Ateliers der Kunsthandwerker. Und das Museum Science World für seine Ausstellungen.

Die Fähre SeaBus verbindet *downtown* Vancouver mit North Vancouver, und wird von Pendlern genutzt.

Vancouver gilt als eine der lebenswertesten Städte Kanadas, ja sogar der Welt. Das hat dazu geführt, dass die Haus- und Wohnungspreise explodiert sind und Normalverdiener immer weiter in die Vororte ausweichen müssen.

Besonders chinesische Einwanderer haben sich nach der Übergabe von Hongkong an China 1997 in Vancouver niedergelassen. Neben dem klassischen Chinatown ist so in der Nachbarstadt Richmond eine große chinesische Gemeinde entstanden.

Vancouvers Einwohnern aus aller Welt ist es zu verdanken, dass die Restaurantszene so vielfältig ist. In Vancouver kann man die Küche der ganzen Welt genießen, ohne je die Stadt verlassen zu müssen.

Blick von Granville Island auf die Innenstadt von Vancouver

VEGAN

Vegan, vegetarisch, laktosefrei ...

Seit ein paar Jahren erfordert es zunehmend mehr Planung und Logistik, eine Gruppe von Kanadiern zum Essen einzuladen.

Der eine ist gegen Erdnüsse allergisch, eine andere verträgt kein Gluten, keine Meeresfrüchte oder hat eine Laktoseintoleranz. Schätzungen zufolge haben rund sieben Millionen Kanadier mindestens eine Lebensmittelintoleranz oder -allergie. Laut eines Reports der Dalhouse University ist die Hälfte dieser Intoleranzen *self-diagnosed,* in Eigendiagnose festgestellt. Darüber hinaus ernähren sich über drei Millionen Kanadier vegetarisch oder vegan.

Entsprechend haben auch in Kanada Kettenrestaurants wie Tim Hortons oder Earls vegane oder vegetarische Gerichte auf der Karte. Sie bieten *beyond burger* oder *beyond sausage* an, also Hamburger und Würstchen aus Beyond-Meat-Fleischersatz.

Die Nachfrage nach Bioware steigt ebenfalls, zwei Drittel aller Kanadier geben zumindest einen Teil ihres Geldes für Bio-Lebensmittel aus. Auf den *Farmers' Markets,* den Bauernmärkten, bekommt man *organic,* also biologisch angebautes, Gemüse und Obst. Außerdem sind in vielen Gemeinden *community gardens* entstanden. In diesen Gemeinschaftsgärten kann man günstig ein Stückchen Land mieten und dort sein Biogemüse selbst anbauen.

Community garden in Montreal

139

VERGANGENE ZEITEN

Leere Fabrikhallen, alte Geräte und Geisterstädte

Mitten im Wald steht eine weiße Kloschüssel. Ein Stückchen weiter rostet ein *truck* vor sich hin. Spuren der Vergangenheit mitten in der Wildnis.

»Nimpkish Development Processing Plant« steht auf dem Schild der alten Fabrik. Doch in der ehemaligen Fabrik in Alert Bay wird nichts mehr produziert. Die grauen Gebäude sind leer, einige Wände zerstört.

In Kanada gibt es nicht nur verlassene Fabriken, sondern auch nicht wenige verlassene Orte. Zeugnisse einer Vergangenheit, in denen große Rohstoffvorkommen von Kohle, Silber, Holz oder Fisch Unternehmen in abgelegene Gegenden lockten. Es entstanden ganze Siedlungen durch Konservenfabriken, Sägewerke oder Papiermühlen. So zum Beispiel 1926 die Konservenfabrik Ceepeecee, der Canadian Packing Cooperation, in der Nähe von Nootka Island. Anfang der 50er-Jahre nahmen die Sardinenschwärme ab und die Fabrikation wurde eingestellt. Später entstand dort ein kleines *fishing resort.*

Die Geisterstadt Kitsault in BC entstand Anfang der 80er-Jahre aufgrund einer Molybdän-Lagerstätte. Die Stadt war nur drei Jahre besiedelt. Ein kurzes Aufblühen – dann der Niedergang. Ein Schicksal, das viele Orte in Kanada teilen.

Waren die Ressourcen erschöpft, wurden die Fabriken stillgelegt. Das Unternehmen zog weg und mit ihm verschwanden die Arbeitsplätze. Zurück blieben verlassen Städte wie Kitsault, verlassene Orte wie Ceepeecee und verlassene Gehöfte wie Pete's Farm (siehe Seite 176).

Die gesamte Liste der *ghost towns* ist lang.

Verlassenes Fabrikgelände in Alert Bay, Cormorant Island

VORRATSHALTUNG

Einmachen & Einkaufen

Zwei Einkaufswagen hoch beladen an der Kasse, sodass es bestimmt für ein oder zwei Wochen reicht. Ein deutliches Zeichen dafür, dass diese Familie weit draußen wohnt.

In abgelegenen Orten ist der nächste Supermarkt manchmal eine Tagesfahrt entfernt. Wenn eingekauft wird, dann richtig.

Die meisten abgelegenen Orte haben zwar auch einen *supermarket,* aber dort ist das Angebot begrenzt und der Preis entsprechend hoch. Je abgelegener, desto teurer.

In sehr abgelegenen Orten hoch oben im Norden bestellen die Einwohner ihre Lebensmittel einmal im Jahr. Und sobald im Frühjahr das Eis bricht, kommen die Frachtschiffe mit den Bestellungen. Alleine 1.000 Dollar kostet der Einkaufsservice, hinzu kommen noch mal 1.000 Dollar für die Lieferung – pro Haushalt.

Grocery shopping, das Einkaufen von Lebensmitteln, bedeutet in abgelegenen Gegenden, dass man einen oder auch zwei Tage unterwegs ist. Heutzutage kann man in vielen Läden vorher online einkaufen, dann braucht man nur noch die *box,* den vom Supermarkt gepackten Karton, abzuholen.

Früher, als die ersten Europäer sich ansiedelten, mussten sie lernen, mit dem auszukommen, was ihnen das Land bot. Einmachen hat daher bis heute einen hohen Stellenwert in Kanada. Sobald Obst- und Gemüsesaison ist, bekommt man überall in den großen Läden die *mason jars,* die typisch amerikanischen Einmachgläser mit dem Metallverschluss.

Neulich zeigte mir eine Frau ihr Vorratsregal: ein ganzer Raum mit Regalen, auf denen Dosen, Kartons und Gläser standen – Eingekauftes neben Eingemachtem. Wie die Siedler früher sind Menschen in den *remote areas,* den abgelegenen Gegenden, auch heute noch darauf angewiesen vorzusorgen.

70
50
50
35
150

WALE

Nahrung oder bedrohte Art?

Viele Touristen, die Kanada besuchen, buchen *Whale-watching*-Touren, um die großen Tiere in freier Natur zu erleben.

Die Bewegung im Meer, kräftiges Schnauben und eine hohe Fontäne zeigen an, dass ein Wal in der Nähe ist. Dann taucht der runde Rücken auf, der Wal schlägt mit der Flosse und es spritzt kräftig, bevor der Koloss wieder abtaucht, um nach kurzer Zeit ganz woanders wieder aufzutauchen.

Die großen Tiere sind schnell, ihr Auftauchen kurz, das Fotografieren schwierig. Und doch gibt es viele Menschen, die für diese kurzen Erlebnisse stundenlang auf dem Meer bei Kälte und Wind unterwegs sind.

Manche dick eingepackt auf Schlauchbooten, andere in einem geschlossenen Boot mit warmem Tee an Bord. Aber alle auf der Jagd nach einem guten Walfoto.

Werden Wale in Kanada auch anders als mit der Kamera gejagt?

Seit den 1970er-Jahren nicht mehr kommerziell. Mit Ausnahme der Inuit, für die die Waljagd seit Tausenden von Jahren die Lebensgrundlage stellt.

Der Tran wird zu Brennstoff, die Knochen werden zu Gebrauchsgegenständen und Schmuck verarbeitet, das Fleisch wird gegessen.

Wer die Riesen in Freiheit erleben möchte, sollte natürlich die Küstenprovizen ansteuern. Die Sichtungswahrscheinlichkeit ist tatsächlich auch gar nicht so niedrig, da die Veranstalter meist genau wissen, wann und wo Schwertwale, Grauwale und Buckelwale an Kanadas Küsten vorbeiziehen.

Seit 2018 gibt es strengere Regelungen für das Beobachten von Walen. Die Wale sind sowieso schon bedroht durch die steigende Wassertemperatur der Ozeane, durch zunehmenden Schiffsverkehr und durch den Einsatz von Sonaren in der Fischerei. Walbeobachtungsboote und auch Sichtungen aus der Luft mit Dronen müssen einen bestimmten Mindestabstand einhalten. Diese Abstände hängen von Ort, Walart und Jahreszeit ab.

Wal im Nootka Sound,
Vancouver Island

142

WASSER

Nie ohne Eis

Braucht Wasser unbedingt Eiswürfel? In Kanada ist die Antwort ganz eindeutig: »Ja.«

Sobald man am Tisch sitzt, fragt die Bedienung, was man trinken möchte. Üblich sind Kaffee oder Eiswasser zum Essen. Der Kaffee wird in Bechern serviert, die Bedienung geht mit der Kaffeekanne von Tisch zu Tisch und schenkt großzügig aus und nach. Dieser Service ist normalerweise kostenlos. Wer möchte, kann Eiswasser bekommen, und zwar ebenfalls umsonst. Die Gläser sind groß, aber trotzdem wird laufend nachgeschenkt. Viele *diner* oder *fast food restaurants* dürfen keinen Alkohol ausschenken, weil sie dafür keine Lizenz haben. Die Restaurants, die Alkohol ausschenken dürfen, sind entsprechend als *licensed restaurant* gekennzeichnet.

Wasser gehört nicht nur im Restaurant dazu. Viele Kanadier haben immer ihre Wasserflasche dabei. Die offizielle Gesundheitsempfehlung lautet *8 by 8*, also acht Acht-Unzen-Gläser Wasser am Tag (ca. zwei Liter). In den Läden findet man eine große Auswahl an Trinkflaschen und -bechern für unterwegs.

Generell ist das *tap water,* das Wasser aus der Leitung, in Kanada gut. Nur in einigen Reservationen der First Nations lässt die Trinkwasserqualität sehr zu wünschen übrig. Ein Dauerthema in der Presse.

RETAIL
or BULK
SALES
FLAKE,
CUBE
OR
BLOCK ICE

WASSERFÄLLE
Kraft des Wassers

»Was haben die Gäste nur mit diesen Wasserfällen?«, fragt mich J., der Busfahrer, der sich wundert, warum wir andauernd an einem Wasserfall stoppen.

Wasserfälle gibt es natürlich nicht nur in Kanada. Aber Kanada hat erstens sehr viele, nämlich 1.700 laut Geological Survey of Canada. Und zweitens einige sehr spektakuläre.

Am bekanntesten sind natürlich die Niagarafälle, die sowohl von den USA aus als auch von Kanada aus besichtigt werden können. Tausende von Besuchern kommen, um die in die Tiefe stürzenden Wassermassen zu sehen. Und das, obwohl nicht mal die gesamte Menge hinabstürzt, da ein Teil des Wasser zur Stromgewinnung abgezweigt wird.

Die höchsten ihrer Art sind die Della Falls (440 m) im Strathcona Provincial Park auf Vancouver Island. Wer sie sehen will, muss entweder einen Hubschrauber chartern oder erst mit dem Boot über den Great Central Lake fahren und dann noch 15 Kilometer wandern.

Andere berühmte Wasserfälle wie zum Beispiel die Athabasca Falls oder der Mistaya Canyon liegen am Icefields Parkway in den Rocky Mountains und können gut mit dem Auto erreicht werden. Dementsprechend hoch ist die Besucherzahl in den Sommermonaten.

Aber trotz Gedränge sind auch diese Wasserfälle beeindruckend: Der Lärm ist ohrenbetäubend und Sprühnebel benetzt die Haut. Das Wasser tost, wirbelt und stürzt mit einer Kraft hinab, die im Laufe der Zeit tiefe runde Löcher in die Felsen fräst.

Kein Wunder, dass Kanada diese erneuerbare Quelle zur Stromerzeugung nutzt. Gut 60 Prozent des kanadischen Stroms entstehen durch die Kraft des Wassers.

Tangle Creek Falls,
Jasper Nationalpark

WEITE

Unendlich, so weit das Auge reicht ...

Die Schotterstraße führt mitten durch die Wildnis, hohe Tannen und Fichten stehen rechts und links der Straße.

Ab und zu der Blick auf einen See oder den Fjord. Auf Kilometer 32 steht ein *grader*, eine Planierraupe, am Straßenrand. Manchmal sieht man einen Hirsch, der die Straße überquert. Oder einen Schwarzbären. Gelegentlich kommt einem auf der 63 km langen Strecke auch ein Auto entgegen.

Wenig Verkehr, *wildlife*, Wildnis – Weite und Stille. Dabei gehört die Head Bay Road von Gold River nach Tahsis an der Westküste von Vancouver Island fast noch zum besiedelten Teil Kanadas.

Im zweitgrößten Land der Erde wohnen nur 38 Millionen Menschen. Rein statistisch sind das knapp 4 Einwohner pro Quadratkilometer – in Deutschland sind es rund 232. Die meisten Einwohner Kanadas wohnen allerdings in großen Städten, im Einzugsgebiet der Metropolen Toronto, Montreal, Vancouver, Edmonton, Calgary, Ottawa und entlang der südlichen Grenze zu den USA.

Je weiter nördlich, desto unbesiedelter ist Kanada. Im Norden der Provinzen und in den drei Territorien sind große Flächen unbewohnt. Dort gibt es nur wenige »größere« Orte. Whitehorse (rund 25.000 Einwohner) im Yukon, Yellowknife (rund 20.000 Einwohner) in den North West Territories, Iqaluit (rund 7.700 Einwohner) in Nunavut.

Weites Land Kanada – wer möchte, kann hier man stundenlang durch die Gegend fahren, ohne jemandem zu begegnen. Wer die Einsamkeit sucht, kann in der Stille der Natur wandern. Auf einem See Kanu fahren, nur umgeben von den Geräuschen der Natur – dem Gesang der Vögel, dem Plätschern des Sees, dessen Wellen an das Ufer schlagen. Wildlife.

Dawson Goldfield Circuit
Dominion Creek

145

WEST COAST LIVING

Entspanntes Lebensgefühl, gesundes Essen und North West Coast Art

***West Coast Living vs East Coast Living* – wo lebt es sich besser?**

Manchmal wird die Westküste Kanadas als das kanadische Kalifornien bezeichnet, aber das trifft es eigentlich nicht. Das Klima an der Westküste ist im Süden von BC zwar mild, aber Landschaft und Klima sind insgesamt wesentlich rauer als in Kalifornien.

Das Leben an der Westküste hat den Ruf, entspannt zu sein. Ganz besonders das Leben auf den Inseln, inklusive Vancouver Island. Gesunde Ernährung, bewusstes Leben, bequeme Kleidung gehören für viele dazu.

Auf Inseln wie Saltspring, Denman oder Lasqueti Island haben sich ökologisch bewusste Menschen angesiedelt, die hier Landwirtschaft betreiben und »grün« leben wollen.

Die West Coast Cuisine legt Wert auf Frische, Bio und lokale Produkte. In der Gastronomie findet man frischen Fisch, Krabben und Austern, als Beilage Bio-Gemüse der Saison. Die Kultur ist vielfältig, mit Einflüssen aus Ost-Asien, Indien und der Ureinwohner. In den Galerien findet man *North West Coast Art*, Kunst im Stil der Ureinwohner. Figuren, Totems, Bilder in klarer Ästhetik und Primärfarben.

Allerdings ist das Leben an der Westküste insgesamt teurer als an der Ostküste, besonders durch die Immobilienpreise. Hauspreise in Vancouver und Victoria sind in den letzten Jahren extrem in die Höhe geschossen. West Coast Living ist in und beliebt.

Westküste Vancouver Island

WHISTLER

Das beste Skigebiet in Kanada

Whistler ist der Ort, an dem die Olympischen Winterspiele 2010 ausgetragen wurden. Es ist das beste Skigebiet Kanadas, und das größte in Nordamerika.

Am Eingang des Ortes steht ein großer *inukshuk* (siehe Seite 114). Die Steinfigur der Inuit war das offizielle Symbol der Olympischen Winterspiele von Vancouver.

Jedes Jahr kommen mehr als zwei Millionen Besucher nach Whistler. Hier macht man mittlerweile nicht nur Wintersport. In den anderen Jahreszeiten ist die Gegend Whistler Blackcomb perfekt zum Mountainbike fahren, Wandern, Golf spielen, Angeln oder für *trail running*.

Im Zentrum liegt Whistler Village. Hier kann man bummeln und shoppen. Vor den Restaurants gibt es Esplanaden, auf denen man draußen sitzen kann. Es gibt Lokalitäten in jeder Preisklasse und für jeden Geschmack.

Außer den üblichen Souvenirshops findet man hier Läden mit Schmucksteinen aller Art und Sportgeschäfte. Für Kunstliebhaber lohnt sich ein Besuch des Audain Art Museums – Kunstmuseum und Galerie zugleich.

Whistler liegt auf 670 Metern Höhe und ist von Bergen umgeben, der Pacific Range auf der einen Seite und der Garibaldi Range mit dem 2.436 Meter hohen Blackcomb Peak auf der anderen.

Whistler liegt am Highway 99, die Teilstrecke von Horseshoe Bay (West Vancouver) nach Pemberton wird auch »Sea-to-Sky Highway« genannt. Für die Olympischen Winterspiele wurde diese Verbindung von Vancouver nach Whistler aufwendig ausgebaut. Jetzt zählt der Sea-to-Sky Highway mit zu den zehn schönsten Highways in Kanada.

RESTAURANT & BAR
STARBUCKS COFFEE

WILDLIFE

Das *wild* in *wildlife* schützen

Ein Schwarzbär galoppiert über den Highway 28, kurz hinter Gold River. Er ist mittelgroß, alleine. So unvermutet er aufgetaucht ist, so schnell ist er auch wieder weg.

Ich bin froh, dass er nicht später über die Straße gerannt ist, womöglich in mein Auto. Ich bin aber auch froh, dass ich ihn gesehen habe. Ein so großes Tier in freier Wildnis zu beobachten, ist einfach beeindruckend.

Kanada ist berühmt für sein *wildlife,* für seine Wildtiere. In Kanada leben Schwarzbären, Grizzlybären und Eisbären. Es gibt Elche, Wapitis und Hirsche, große Bisons und kleine Streifenhörnchen.

Die Wildtiere sind einer der Gründe, weswegen Kanadier und ausländische Touristen in die Nationalparks fahren. Aber je mehr Kontakt die Tiere mit Menschen haben, desto mehr verschwindet das *wild* aus *wildlife.*

Daher gibt es strenge Verhaltensregeln für das Beobachten von Wildtieren. In der Broschüre *Keep the Wild in Wildlife* von Parks Canada wird er-

klärt, wie viel Abstand man zu den Tieren halten soll, dass man keinen Müll hinterlassen und die Tiere nicht füttern soll. Eigentlich sind das Selbstverständlichkeiten. Aber leider halten sich viele Besucher der Nationalparks nicht daran. Sie sehen einen Bären und halten an. Das ist okay. Dann steigen sie aus dem Auto und versuchen, aus der Nähe zu fotografieren. Das ist nicht okay und vor allem gefährlich, auch wenn das Bärenbaby noch so süß aussieht.

Manchmal kommen die Tiere in die Ortschaften: Robben schwimmen in der Marina. Weißkopfadler sitzen auf Laternenpfählen. Rehe fressen im Vorgarten. Bären grasen in den Brombeeren.

Aber wie lange werden diese Tiere noch frei leben können? Klimawandel, Holzschlag, schwindender Lebensraum und Umweltverschmutzung gefährden das Überleben.

Die CWF, die Canadian Wildlife Federation, ist eine der Organisationen, die sich um das *wildlife* kümmern. Damit es auch in Zukunft noch Bären gibt, die am Straßenrand der Highways grasen.

Elch im Cypress Hills Park

WINTER

Wintersport & *Ice Magic*

Skifahren, Eishockey, Eisfischen – in Kanada gibt es viele Sportarten, die im Winter ausgeübt werden.

Abenteuergeschichten in Schnee und Eis sind in Kanada legendär. So konnten viele Orte früher im Winter nur mit Schneeschuhen, auf Skiern oder mit Hundeschlitten erreichen werden, wenn die Flüsse zugefroren waren.

Zu Zeiten des Klondike Gold Rush entstand so die Postverbindung zwischen Whitehorse im Yukon und Fairbanks in Alaska. Auf dieser Route wird seit 1984 das Yukon Quest veranstaltet, das härteste Schlittenhunderennen der Welt auf 1.600 Kilometern durch Eis und Schnee.

Auch der kanadische Nationalsport Eishockey findet natürlich im Winter statt. Die Hockey-Saison läuft von Anfang Oktober bis Anfang April. Das »*ice*« im *Ice Hockey* ist so selbstverständlich, dass es nicht erwähnt wird.

Trotzdem gibt es nicht *den* Winter in Kanada, denn das zweitgrößte Land der Welt hat viele Klimazonen. So blühen zum Beispiel im Winter in Victoria auf Vancouver Island die Rosen, während es in Inuvik in den Northwest Territories einen Monat lang völlig dunkel bleibt.

Und wie sieht es im Rest des Landes aus?

Bei der Einführung ins Studium an der Universität von Toronto wird den ortsfremden Studenten erklärt, welche Kleidung sie sich für den Winter anschaffen sollen, damit es nicht zu Erfrierungen kommt.

Im berühmten Skigebiet von Whistler beginnt die Hochsaison.

In Städten wie Montreal, Toronto und Calgary geht man der Kälte durch *skywalks* und Tunnel aus dem Weg.

Und am Lake Louise entsteht *ice magic* durch die Schaffung von Eisskulpturen.

Head Bay Road im Winter,
Westküste Vancouver Island

YUKON

Mythos Gold und wilde Kerle

Der Yukon ist so groß wie Deutschland, Österreich und die Schweiz zusammen. Damit ist er das kleinste der drei kanadischen Territorien.

Auf einem alten Schwarz-weiß-Foto sieht man, wie drei Männer ihre Packsäcke mit Hilfe eines Baumstamms über einen Canyon transportieren. Es liegt dicker Schnee, Eiszapfen hängen an den Ästen. Die Packsäcke sind auf ein Holzgestell geschnallt. Ein Mann schiebt, der andere zieht am Seil. Ein Foto, das die Entbehrungen auf dem Chilkoot Trail zeigt.

Keine Mühe war den Männern zu groß, um Dawson City im Yukon zu erreichen. Denn dort lockte das Gold. Und so entstand die Stadt Dawson City durch den Klondike Gold Rush 1896. heute hat Dawson City knapp 1.400 Einwohner und ist nach Whitehorse die zweitgrößte Stadt des Territoriums.

Auch der US-Schriftsteller Jack London folgte dem Gold Rush in den Yukon, für ihn gibt es in Dawson City ein Museum. Er erlangte Weltruhm durch seine packenden Abenteuerromane, auch über den Goldrausch.

Kanada hat zehn Provinzen und drei Territorien. Die drei Territorien sind die Northwest Territories, Nunavut und der Yukon. Der Yukon hat knapp 43.000 Einwohner, von denen über die Hälfte im Umkreis der Hauptstadt Whitehorse wohnt.

Der Yukon ist immer noch ein Land für Abenteurer. Der Fluss Yukon ist eine Herausforderung für Kanufahrer, die Tour von Whitehorse nach Dawson City ein Klassiker. Und das berühmte Yukon Quest, das jährliche Schlittenhunderennen zwischen Whitehorse und Fairbanks, gilt als das härteste Schlittenhunderennen der Welt.

Front Street,
Dawson City, Yukon

ZERO WASTE – ZÉRO DÉCHET
Läden ohne Müll

***Épiceries Écologiques – Zéro Déchet* steht auf dem Schaufenster des Ladens in Montreal. Gleich am Eingang befindet sich eine Waage, auf der Einkaufstaschen und Behälter gewogen werden. Später wird das Gewicht beim Wiegen der Waren abgezogen.**

Im Laden gibt es alles, was man im Haushalt braucht. Alles wird lose und unverpackt angeboten, selbst Spülmittel und Waschpulver.

Ein unerwarteter Vorteil vom Einkaufen im *Zero-waste*-Laden ist, dass man keine Werbung mehr sieht, wenn man seinen Küchenschrank aufmacht, sagt Cathy, die in Montreal wohnt.

Zero waste shops sind in Kanada im Kommen, schreibt die Huffpost in einem Artikel und so steht es auch auf einer Seite von Global Citizen (www.globalcitizen.org/en/content/no-waste-stores-canada).

Und der Trend gilt nicht nur für Lebensmittel. Ökologie ist in Kanada ein großes Thema. 79 Prozent des Stroms kommt aus erneuerbaren Quellen. In BC heißt die Stromrechnung *hydro bill. Hydro,* Wasser, da 60 Prozent der Energie durch Wasserkraft gewonnen werden.

Selbst in kleinen Gemeinden wird recycelt und für Recycling geworben und darüber aufgeklärt.

Seifen und Reiniger bei Bulk at Frenco in Montreal

ZIMTSCHNECKEN

Frosted with gooey icing

Das deutsche Wort für *gooey* ist klebrig. Aber das trifft es nicht wirklich. Klebrig hat einen negativen Touch, *gooey* bedeutet klebrig im positiven Sinn. Es steht für süß-lecker-klebrig. *The gooyer the better.*

Zimtschnecken bekommt man überall. Im Diner, im Café, im Supermarkt. Aber man kann sie natürlich auch selbst backen: die *Cinnamon Buns,* wie sie in Kanada meistens genannt werden. Am besten schmecken sie mit einer dicken, süßen, klebrigen – also *gooey* – Glasur. Diese Glasur wird aus *cream cheese* mit Butter oder Puderzucker mit Butter hergestellt. Die Zimtschnecken werden auf einem Blech gebacken und danach dick mit der Glasur übergossen. Es gibt sie zum Sonntagsbruch, zum Frühstück oder zwischendurch. Mal mit Rosinen, mal ohne. Oder in einer kanadischen Variante mit *maple syrup.* Besonders lecker sind die Zimtschnecken, wenn sie frisch aus dem Ofen kommen oder zumindest warm serviert werden.

Cinnamon Rolls oder *Buns* sind ein nordamerikanischer Klassiker, der mit der Zeit geht. Für Veganer gibt es mittlerweile natürlich auch vegane Zimtschnecken. Und seit Cannabis in Kanada legal ist, gibt es natürlich auch viele Rezepte für Zimtschnecken mit dieser Zutat. Ebenfalls in einer veganen Variante, und zwar als *Cannabis-infused vegan cinnamon rolls.*

DANKSAGUNG

Ich möchte allen meinen kanadischen Freunden für ihre tolle Unterstützung danken. Ganz besonders danke ich Tony und Judy Ellis, Glenn und Joy Woodsworth, Anne Muckle und Mark van Ryn, Sue Goossens und Helen Vance, die mich an ihrem Leben in Kanada teilnehmen lassen, die mit mir ihre Erfahrungen geteilt haben, und die mich mit Infos und Fotos versorgt haben. Ohne euch hätte das Buch nicht entstehen können!

Mein Dank gilt auch Matthias Walter und dem CONBOOK Verlag für die gute Zusammenarbeit.

Zwei spannende Kultureinblicke in das Traumland der Weite

Weite, Wildnis und Toleranz – kaum ein Land auf dieser Welt weckt so großes Fernweh wie Kanada mit seinen unendlichen Wäldern, den kristallklaren Seen, mit seinen abenteuerlustigen Männern in Holzfällerhemden und dem vielen, vielen Platz. Falsch machen kann man in solch einem unkomplizierten Land doch eigentlich nichts, eh?

Lehnen Sie sich mit einer Tüte salzigem Popcorn und einer Flasche Moosehead Lager entspannt zurück und schlittern Sie mit unserer Protagonistin Mareike während ihres Work-&-Travel-Jahres über die Ice Road der kanadischen Kultur.

Sophie von Vogel
Fettnäpfchenführer Kanada
Wenn's im Land der Weite eng wird

ISBN 978-3-95889-177-7

Ahornsirup, Holzfällerhemden, Eishockey, strenge Winter, Bären – sind das die ersten Bilder, die Ihnen in den Sinn kommen, wenn Sie an Kanada denken? Dann liegen Sie ganz richtig und träumen höchstwahrscheinlich noch davon, dieses weite Land einmal zu bereisen.

Aber wussten Sie, dass Kanadier liebend gerne zum Zahnarzt gehen? Dass kanadische Sätze in den meisten Fällen mit einem »eh?« enden? Und warum Kanadier nicht grillen können?

In 55 Kapiteln bekommen Sie eine heitere und zugleich kritische Sicht auf ein Land mit vielen Wäldern, Seen und ein paar Kanadiern.

Manuela König
Was Sie dachten, NIEMALS über KANADA wissen zu wollen
55 enthüllende Einblicke in ein warm angezogenes Land

ISBN 978-3-95889-335-1

CON BOOK.
www.conbook-verlag.de